설득력 있는 UX 설계를 위한 사회과학의 가르침 vol. 3

박도형 외 13명

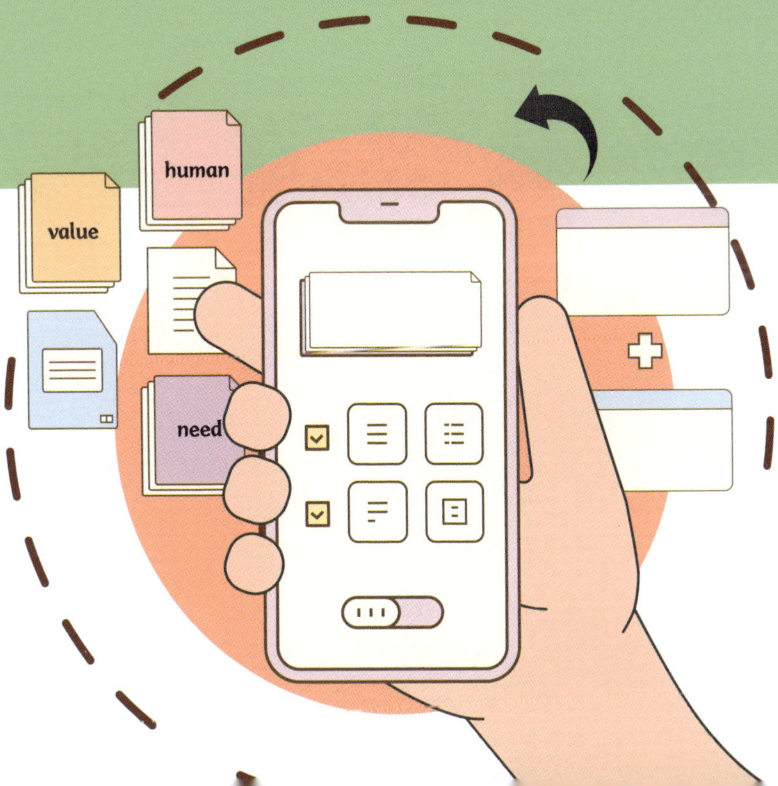

설득력 있는 UX 설계를 위한
사회과학의 가르침 vol. 3

CONTENTS

"설득력 있는 UX 설계를 위한 사회과학의 가르침 Vol.3"

우리가 UX 설계의 세계에 발을 들여놓을 때, 우리는 수많은 질문과 마주하게 된다. '메뉴바는 어디에 배치해야 할까?', '한 화면에 얼마나 많은 정보를 표시해야 할까?', '메뉴 구조의 깊이는 어느 정도가 적당한가?', '페이지 넘김이 좋을까, 아니면 무한 스크롤이 나을까?'. 이러한 질문들은 단순해 보일 수 있지만, 각각이 사용자 경험에 큰 영향을 미친다. 종종 우리는 이런 질문들에 대한 답을 '유명한 A 회사가 이렇게 하니 우리도 따라가자'는 식으로 결정하기도 한다. 하지만 이것은 근본적인 해결책이 될 수 없다.

UX 설계의 세계는 끊임없는 질문과 탐구의 연속이며, 이 과정에서 과학적 이론을 적용하는 것은 우리에게 새로운 지평을 열어준다. "설득력 있는 UX 설계를 위한 사회과학의 가르침" Vol.1과 Vol.2에서 우리는 사회과학의 다양한 이론들이 UX 설계에 어떻게 적용될 수 있는지 탐구했다. 이번 Vol.3에서는 "Absorptive Capacity Theory"부터 "Media Richness Theory"에 이르기까지 새로운 10가지 이론을 소개하고자 한다. 이들 이론은 UX 설계자들이 자신의 작업에 깊이와 통찰력을 더할 수 있게 도와줄 것이다.

PROLOGUE

본 저서의 목적은 단순히 이론을 나열하는 것이 아니다. 우리는 이론을 실제 UX 설계에 적용하는 방법을 탐구하고, 이를 통해 독자들이 보다 실질적이고 구체적인 설계 결정을 내릴 수 있도록 돕고자 한다. 실제 사례 연구와 예제를 통해, 이론이 어떻게 현실의 UX 문제를 해결하는 데 적용될 수 있는지 보여줄 것이다.

이 책은 학계와 실무 사이의 교량을 놓는 작업이다. 우리는 학계의 깊이 있는 이론을 실무자들이 이해하고 사용할 수 있는 언어로 전달하고자 한다. 각 장은 국민대학교 경정정보학부 UX/CX 학회 X-Ville과 국민대학교 비즈니스IT전문대학원의 CXLab.(고객경험연구실) 학생들이 중심이 되어 쉽고 명확한 언어로 설명되어 있다.

"설득력 있는 UX 설계를 위한 사회과학의 가르침 Vol.3"는 이론과 실무의 통합을 추구하는 여정의 일환이다. UX 설계는 기술의 발전과 함께 끊임없이 진화하고 있으며, 이 책은 그 진화의 한 부분을 담고 있다. 우리는 학계와 업계가 서로 영감을 주고받으며 발전할 수 있는 세계를 꿈꾼다. 이 책이 그 꿈에 한 걸음 더 다가가는 데 도움이 되기를 바란다.

2024년, UX 설계의 새로운 지평을 여는 여러분과 함께 하기를 기대하며.

2024. 02. 01.

국민대학교 박도형 교수

01 흡수역량 이론

Absorptive Capacity Theory

모두들 학교에 다니면서 다가오는 시험을 대비하기 위해서 공부를 해본 경험이 있을 것입니다. 혹시 공부를 하던 도중 헷갈리는 내용이나 잘 모르는 부분이 나오면 어떻게 하시나요? 스스로 교과서를 다시 읽어보거나 검색을 하기도 하지만 친구나 선생님에게 물어봐서 그 내용을 이해하기도 합니다. 또는 공부를 잘하는 친구에게 공부법을 물어보고 그 공부법을 스스로 적용해 보기도 하죠. 이처럼 개인이 타인의 가르침이나 혹은 정보 탐색을 통해 더 나은 결과를 얻기 위해 노력하는 과정은 기업이나 조직에서도 동일하게 이루어집니다. 기업 또는 조직에서는 목표 달성을 위해 직접 연구나 개발을 진행하기도 하지만 기업 외부에 존재하는 지식을 흡수하고 적용하는 과정을 거치기도 합니다. 이러한 과정을 설명하는 이론이 바로 '흡수역량 이론'입니다.

이해하기

흡수역량 이론(Absorptive Capacity Theory)은 기업 및 조직이 새로운 외부 정보의 가치를 인식하고 이를 흡수하여 조직 목표 달성에 적용할 수 있는 범위를 검토하는 이론입니다(Cohen & Levinthal, 1989, 1990). 이 이론은 새로운 지식을 흡수하는 조직이 그렇지 않은 조직보다 혁신적이고 유연하며 높은 수준의 성과를 달성할 수 있고, 새로운 지식을 흡수하는 능력이 높은 기업이 경쟁에서 우위를 점한다고 말합니다. 이때, 중요한 점은 새로운 외부 지식을 단순히 흡수하는 것뿐만 아니라 흡수한 외부 지식을 잘 정리하고 수용하여 기존의 내부 지식과 결합하는 것입니다. 즉, 새로운 지식의 흡수만이 강조되는 것이 아니라 지식의 흡수 정도도 기업의 경쟁에 영향을 미친다는 말입니다. Vega-Jurado et al. (1999)은 이러한 흡수역량 정도를 높이기 위한 세 가지 중요 동인을 제시하고 있습니다. 그렇다면 기업의 지식 흡수 정도에 영향을 미치는 요소는 어떤 것이 있을까요?

첫 번째 요소는 "조직지식(Organizational knowledge)의 축적 여부"입니다. 조직지식은 기업이 소유한 일련의 스킬, 지식, 그리고 경험의 집합으로 기업이 현재 소유하고 있는 지식베이스라고 할 수 있습니다. 조직지식에는 기업이 새로운 지식을 탐색하는 경험을 축적하고 있거나, 조직구성원의 개별 스킬이 높거나, 높은 R&D 능력을 보유하는 등의 여러 가지 분야가 포함되어 있습니다. Cohen & Levinthal (1990)은 이러한 조직지식을 보유하는 것은 새로운 지식에 대한 동기를 부여하며, 외부의 지식을 자신의 지식으로 흡수하고 동화시키는 능력이 높아지는 데 긍정적인 영향을 미칠 것이라고 이야기합니다. Schumpeter (1942)는 조직지식을 개발한 적이 없는 기업은 후속 지식 및 기술 개발에 대해 "잠금" 상태라고 하며, 이러한 상황은 조직의 창조적 파괴를 초래할 수 있다고 이야기하며 새로운 지식의 습득 과정에서의 조직지식의 중요성을 강조했습니다.

두 번째 요소는 "적정 수준의 정형화(Formation) 능력"입니다. 정형화 능력은 조직 내부에 존재하는 규범이나 규칙을 통해 조직 프로세스를 효과적으로 관리할 수 있는 능력을 의미합니다. 정형화 수준이 지나치게 높을 경우, 조직의 유연성(Flexibility)이 떨어져 기존지식과 새로운 지식의 융화과정에 방해를 받게 되고, 정형화 수준이 지나치게 낮거나 전무할 경우 외부로부터 유입된 지식이 조직 내부에 효과적으로 전파될 통로를 찾지 못하고 소멸할 수 있습니다. 따라서, 적절한 수준의 정형화 능력을 갖추는 것이 중요합니다. 새로운 지식을 정리하고 조직화하는 과정을 거쳐 조직 내부로 전파하면 구성원들이 지식을 더욱 쉽게 이해하고, 이를 조직 내부 지식에 녹여낼 수 있습니다. 따라서, 유입된 지식을 적극적으로 수집하고 정리하며, 내부 지식관리 시스템을 구축하여 지식의 흐름을 원활하게 유지할 필요가 있습니다(Bosch et al., 1999; Khandwalla & Pradip N, 1977).

마지막 요소는 "조직 내 구성원 간의 커뮤니케이션"입니다. 조직 내 구성원 간의 커뮤니케이션은 다양한 외부 지식의 유입 통로가 될 수도 있으며, 내부 지식의 정보교환 통로가 되기도 합니다. 조직 내에서 구성원 간의 정보교환 및 지식공유에 장애물이 있을 경우, 효과적인 지식 전파가 이루어지기 어려우며 정보 불균형으로 인한 부정적 결과를 초래할 수도 있습니다. 따라서, 조직 내 다양한 구성원 간의 상호작용을 촉진하기 위하여 내부적인 지식공유 문화를 활성화하고, 다양한 부서나 팀 간의 협업을 장려할 필요가 있습니다.

위에서 살펴본 흡수역량 이론에 대해 Zahra & George (2002)는 4가지 차원으로 이를 정의했습니다. 기업이 새로운 지식의 가치를 인식하고 그것을 적용하는데 (1) 습득, (2) 소화, (3) 변형, (4) 활용의 과정을 거친다고 말하며 습득과 소화를 "잠재적인" 흡수 용량, 변형과 활용은 "실현된" 흡수 용량이라고 주장했습니다. 습득 능력은 회사의 사전(事典)지출, 사전지식기반, 그리고 새로운 지식을 얻기 위한 열정을, 소화 능력은 회사가 새로운 지식을 평가, 해석, 이해 및 학습할 수 있도록 하는 회사의 루틴과 프로세스를 나타냅니다. 변형 능력은 회사에서 사용할 수 있도록 새로운 지식을 추가, 삭제, 재결합 및 재구성할 수 있는 능력을, 활용 능력은 회사의 루틴과 프로세스를 실제로 변경하고 새로운 지식을 사용할 수 있는 능력을 의미합니다.

적용하기

흡수역량 이론의 흡수 정도에 영향을 미치는 요소는 UX(사용자 경험) 관점에서도 다양하게 적용됩니다. 조직지식(Organizational knowledge) 축적 여부 요소는 UX 관점에서 조직이 사용자에 대한 인사이트와 이해를 축적하는 능력에 활용됩니다. 조직은 사용자 연구, 사용자 피드백 수집, 데이터 분석 등을 통해 사용자에 대한 통찰력과 지식을 축적해야 합니다. 이렇게 축적된 조직지식은 제품 및 서비스 개발에 활용됩니다. UX 디자인은 다양한 조직 구성원과의 협업과 커뮤니케이션을 필요로 합니다. 조직의 효율적인 지식 공유와 협업을 위해 구성원들은 원활한 커뮤니케이션 방식을 확립해야 합니다. 이를 위해 커뮤니케이션 도구와 프로세스를 개선하고, 디자인 스프린트, 워크샵,

회의 등을 통해 구성원 간의 의견을 공유하고 협업할 수 있도록 해야 합니다.

〈실시간 협업을 지원하는 UX 디자인 플랫폼 피그마〉

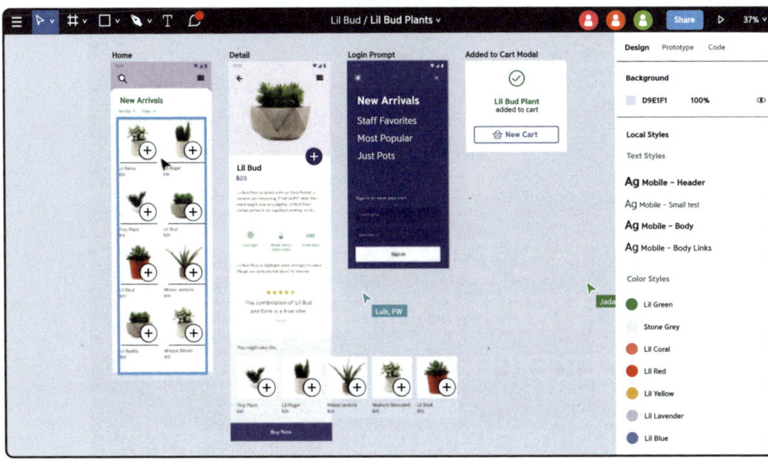

출처: Roa

UX 디자인에서는 외부에서 나오는 새로운 트렌드, 기술, 사용자 행동 등을 습득하고, 이를 내부 지식으로 전환하여 제품 및 서비스에 적용해야 합니다. 조직은 사용자 리서치, 트렌드 분석, UX 컨퍼런스 및 이벤트 참여 등을 통해 외부 지식을 습득하고, 내부에서는 팀 간 협업, 지식 공유 세션, 디자인 시스템 구축 등을 통해 내부 지식 전환을 촉진해야 하고 이런 과정에서 위 요소들은 큰 영향을 미칩니다. 이에 기업의 지식 흡수 정도에 영향을 미치는 요소를 잘 적용하고 개선하는 과정을 통해 향상된 사용자 중심의 경험을 제공할 수 있습니다.

〈다양한 기업이 참여하는 UX 컨퍼런스〉

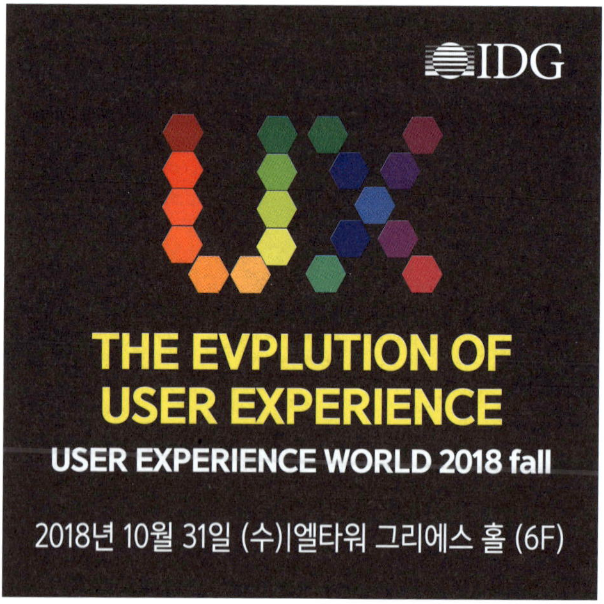

출처: ITWORLD

찾아보기

Cohen, W. M., & Levinthal, D. A. (1989, September). Innovation and learning: The two faces of R&D. Economic Journal, 99(397), 569 - 596.

Cohen, W. M., & Levinthal, D. A. (1990, March). Absorptive capacity: A new perspective on learning and innovation. Administrative Science Quarterly, 35(1, Special Issue), 128 - 152.

Zahra, S. A., & George, G. (2002). Absorptive capacity: A review, reconceptualization, and extension. Academy of Management Review, 27, 185 - 203.

최수헌, 김희수. (2020). 기업M&A이후 기술흡수역량에 미치는 요인에 관한연구 : 시스코 시스템즈 사례중심, 한국기술혁신학회지, 23권 제5호.

Vega-Jurado, J., Gutirrez-Gracia, A., & Fernndez-de-Lucio, I. (2008), "Analyzing the Determinants of Firm's Absorptive Capacity: Beyond R&D," R&D Management, Vol.38, No.4, pp.392 - 405.

Van den Bosch, F.A.J., Volberda, H.W., & de Boer, M. (1999), "Co-evolution of Firm Absorptive Capacity and Knowledge Environment: Organizational Forms and Combinative Capabilities," Organization Science, Vol.10, No.5, pp.551 - 568.

Khandwalla, P.N. (1977), The Design of Organizations, New York, NY: Harcourt.

02 대리인 이론

Agency Theory

간단한 치료를 받기 위해 피부과에 방문한 당신에게 의사가 말합니다. "이것만 치료해서는 큰 효과를 보지 못하니 이 시술까지 같이 진행하시죠." 이러한 상황에 놓이면 우리는 주로 의사의 제안을 믿고 따르곤 합니다. 이렇게 전문가와의 상담을 통해 계획에도 없던 추가적인 지출을 하게 된 경험이 있으신가요? '대리인 이론'에 따르면 이와 같은 상황에서 비전문가인 우리는 '주인'이 되고 전문가인 의사는 주인이 이루고자 하는 목표를 대신 달성해 주는 '대리인'이라고 할 수 있습니다.

해당 분야에 문외한인 우리들은 처음 계획 그대로 치료를 받는 것과 전문가가 추천하는 시술을 함께 받는 것, 두 가지 대안에 어떤 차이가 있는지 알 방법이 없습니다. 단지 전문가가 추가 시술까지 함께 해야 효과가 좋다고 하니 "그런가 보다"하고 믿을 수밖에 없는 상황에 처하게 되죠. 이처럼 주인(소비자)과 대리인(전문가) 사이에서 발생하는 정보 비대칭 현상을 중심으로, 양자 간 관계에서 발생하는 여러 문제와 해결 방안을 설명하는 이론이 바로 '대리인 이론'입니다.

이해하기

Jensen & Meckling(1976)이 제시한 대리인 이론(Agency Theory)은 개인(위임자)이 본인의 이익을 취하기 위해 본인보다 뛰어난 재량을 가진 타인(대리인)에게 일부 의사결정 권한을 양도하면서 대리인이 본인을 대신해 이익을 가져다줄 것을 약속하는 계약을 체결할 때 성립됩니다. 쉽게 이야기해서, 위임자는 비전문가, 대리인은 전문가라고 생각할 수 있습니다. 일상생활에서 대리인 관계의 대표적인 예시로는 환자와 의사의 관계, 의뢰인과 변호사의 관계 등이 있습니다. 이 경우, 전자는 위임자이고 후자는 대리인에 해당합니다.

위임자 즉, 주인은 본인의 이익을 극대화해 줄 것이라 기대되는 대리인을 골라 자신의 권한 일부를 위임합니다. 주인은 자신이 일을 맡긴 대리인이 일을 잘 수행하고 있는지 평가하고, 평가를 바탕으로 보수를 지급할 것입니다. 그러나 현실적으로는 위임자 본인이 대리인에게 맡긴 업무에 대해 무지하기 때문에, 대리인이 맡은 바 업무를 잘 처리하고 있는지 아닌지 파악하기는 쉽지 않을 것입니다.

뿐만 아니라, 주인은 주인이 추구하는 목적을 대리인이 잘 반영해 줄 것이라고 기대하겠지만, 대리인은 본인 나름의 목적을 갖고 행동하기 때문에 서로 상충하는 이해관계를 가질 수 있습니다. 고용주와 종업원의 관계를 예로 들어보겠습니다.

고용주는 자신이 채용한 종업원들이 기업에 충성하고 기업의 발전을 위해 좋은 성과를 내주기를 기대할 것입니다. 하지만 종업원은 자신이 속한 기업이나 조직의 안위보다는 자신의 커리어나 금전적 이익에 훨씬 많은 관심을 가질 수 있습니다.

위임자-대리인 관계에서 가장 중요한 문제는 정보 비대칭성입니다. 위임자는 대리인의 역량이 어느 정도 수준인지 대리인 자신보다 더 잘 알지 못하기 때문에 대리인을 정확히 평가하기 어렵습니다. 이러한 상황에서, 위임자는 우수한 대리인의 능력을 기준 미달이라고 잘못 평가하거나, 역량이 부족한 대리인에게 지나치게 과한 보수를 지급하는 실수를 할 수 있습니다. 이러한 상황을 우리는 '역선택'이라고 부릅니다.

이처럼 비전문가인 위임자는 자신의 대리인이 과업을 제대로 수행하고 있는지 확인하기 어려울 수 있습니다. 위임자가 대리인에 대한 감독과 통제를 효과적으로 수행하지 못하는 상황에서, 대리인은 위임자가 관찰하지 못하는 범위에서 나태해지거나, 위임자의 이익이 아닌 본인의 사익을 위해 행동할 수 있습니다. 이를 우리는 '도덕적 해이(Moral Hazard)'라고 부르는데, 도덕적 해이는 우리의 일상에서도 쉽게 찾아볼 수 있습니다.

치과 진료 상황을 예시로 들어보겠습니다. 치과 진료를 받기 위해 병원에 방문한 우리는 본인의 치아 상태가 구체적으로 어떠한지 알 수 없으니, 전적으로 치과의사의 말을 들을 수밖에 없습니다. 특별히 치료가 필요하지 않은 상황임에도 의사가 치료를 강권하면 마지못해 치료를 받기도 하는데, 비용은 적절히 청구된 것인지, 정말 필요한 치료를 받은 것인지, 혹시 과잉 진료는 아니었는지 비전문가인 우리들은 알기가 쉽지 않죠.

이렇듯 대리인 이론은 '위임자-대리인 관계는 서로 다른 이해관계를 갖고 있다'와 '위임자가 대리인을 감시하고 통제하는 데에는 한계가 있다'라는 두 가지 가정을 전제로 하고 있습니다. 이러한 전제에 따라 위임자와 대리인 간의 역선택, 도덕적 해이와 같은 문제가 발생할 수 있습니다. 대리인이 위임자의 이익을 최대화하도록 유도하려면 어떻게 해야 할까요? 즉, 대리인 문제를 최소화하는 방법에는 무엇이 있을까요? 기업의 사례(주주와 경영자의 관계)를 예로 든다면, 첫 번째로 사외이사 제도, 감사위원회 제도 등 대리인을 감시하기 위한 감독 정책(monitoring policy)를 마련할 수 있으며, 두 번째로는 대리인의 지분 소유나 인센티브 지급 등 보상계약 체결을 통해 위임자와 대리인 간 이해관계의 간극을 좁힐 수도 있습니다. 세 번째로는 시장을 통한 감시가 있을 수 있는데, 기업경영이 부실해지면 경영자는 외부의 적대적 인수합병으로 경영권을 빼앗길 수 있기 때문에 회사 경영에 충실할 수밖에 없습니다. 이처럼 대리인 문제를 해결하기 위한 여러 가지 방법들이 연구되고 있지만, 이런 방법들은 대리인 문제를 해결하는데 많은 비용을 발생시키기 마련입니다. 이처럼 대리인 관계의 발생원인과 관계로부터 발생하는 비용과 손실을 최소화하는 방안을 연구하기 위해 등장한 이론이 바로 '대리인 이론'이라고 할 수 있겠습니다.

적용하기

위임자-대리인 관계는 인터넷 사용자와 웹사이트 간 상호작용 상황에서도 발견할 수 있습니다. 인터넷 사용자는 웹사이트에서 제공하는 서비스를 이용하기 위해 본인의 개인정보를 제공하는 위임자가 되고, 웹사이트를 운영하는 기업은 사용자들로부터 수집한 개인정보를 활용하여 서비스를 제공하는 대리인이 됩니다.

사용자들은 자신이 이용하는 웹사이트의 운영 주체가 자신의 개인정보를 어떻게 사용하고 있는지, 개인정보 처리 방침을 세부적으로 수립하는지 직접 확인할 수 없기 때문에 정보의 불균형 상황에 놓이게 됩니다. 이와 같은 상황은 사용자들로 하여금, 기업이 나의 개인정보를 소홀히 관리하거나 악용할지도 모른다는 불안감을 증폭시키고, 이러한 불안감은 사용자가 해당 사이트에 회원가입을 해야 하는 시점에서 더욱 심화될 것입니다. 사용자의 불안감은 도덕적 해이가 빈번히 나타나는 사회적 분위기에 기인할 수 있는데, 요즘처럼 개인정보 유출에 대해 민감하고 예민한 시기에는 사용자의 불안감이 특별히 더 심해질 것입니다.

앞으로 기술이 발전하며 개인정보에 대한 민감성이 더욱 극심해질 것이므로, 기업은 자사 웹사이트를 이용하는 고객들이 개인정보 유출이나 악용에 대한 불안감을 갖지 않도록 특별히 신경 써야할 것입니다. 개인정보 이슈에 대한 고객들의 불안감을 해소하기 위한 적절한 해결방안이 마련되지 않는다면, 고객들은 웹사이트를 이용하면서 만족스러운 경험을 하기 어려울 것입니다.

〈각종 앱 회원가입시 개인정보 이용 동의 절차〉

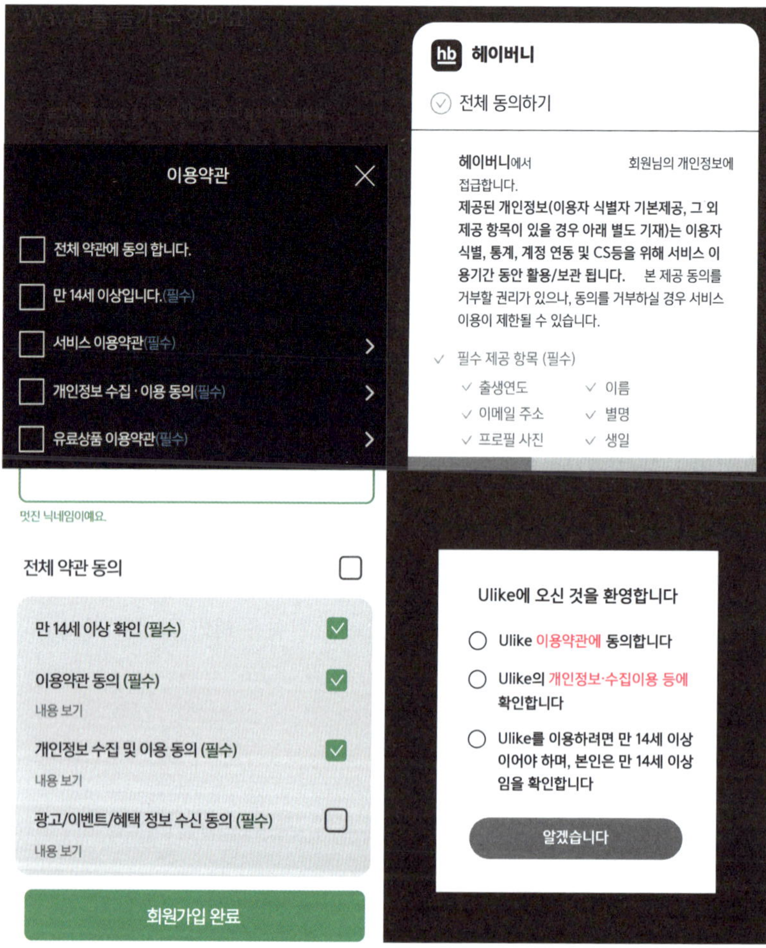

출처: 웨이브, 헤이버니, 뱅크샐러드, Ulike

따라서, 개인정보를 보호할 기술이 꾸준히 발전한다는 가정하에 대리인 이론에 기반하여 사용자들에게 만족스러운 경험을 제공하기 위해서는 먼저 시각적으로 사용자가 보호받고 있다는 인식을 주어야 할 것입니다. 이를 위해 웹사이트의 UI를 최신 트렌드에 맞게 꾸준히 갱신하는 것이 중요할 것입니다. 그 누구도 오래된 UI 디자인을 사용하고 있는 웹사이트가 최신화된 보안 기술을 갖추고 있을 것이라고 생각하기는 어려울 것이기 때문입니다. 또한 개인정보의 사용처, 이용 목적에 대해 사용자들에게 명확히 고지해야 할 것이며, 사용자들이 회원가입을 하는 경우 해당 고지 내용을 확인할 수 있도록 눈에 띄는 곳에 메뉴를 추가하는 것도 사용자의 우려를 줄이는 하나의 방안이 될 수 있을 것입니다.

〈크고 굵은 폰트로 높은 몰입감을 선사하며 기술적 신뢰도를 주는 애플의 홈페이지/시코르 회원가입 시 확인 가능한 명확한 개인정보 수집 목적과 사용처〉

출처: 애플, 시코르

찾아보기

Dalton, D. R., Hitt, M. A., Certo, S. T., & Dalton, C. M. (2007). The fundamental agency problem and its mitigation: independence, equity, and the market for corporate control. Academy of Management annals, 1(1), 1–64.

Eisenhardt, K. M. (1989). Agency theory: An assessment and review. Academy of Management Review, 14, 57 – 74.

Fama, E. F., & Jensen, M. C. (1983). Separation of ownership and control. The Journal of Law and Economics, 26, 301 – 325.

Jensen, M. C. (1983). Organization theory and methodology. Accounting Review, 319 – 339.

Jensen, M. C., & Meckling, W. H. (1976). Theory of the firm: Managerial behavior, agency costs and ownership structure. Journal of Financial Economics, 3(4), 305–360.

김기은. (2013). 신뢰감을 주는 웹사이트 디자인에서 미적 효과. 융합보안 논문지, 13(6), 43–49.

김종기, 김진성. (2014). 전자상거래에서 정보 프라이버시 염려를 유발하는 원인과 보호반응에 관한 연구: 주인–대리인 이론을 중심으로. 정보시스템 연구, 23(4), 119–145

03 애착 이론

Attachment Theory

아침 알람이 울리고 “시리야~ 지금 몇 시야?” 라고 외치며 하루를 시작해 본 적이 있으신가요? 혹은 나갈 준비를 하며 “기가 지니~ 오늘 날씨 어때?” 라고 물어본 적이 있으신가요? 기술은 나날이 빠르게 발전하고, 우리는 이제 IT기기들과 대화하고 소통할 수 있는 세상에 살고 있습니다.

IT 기기와 관계를 맺으며 살아가는 요즘, 우리는 우리의 취향에 맞게 제품을 바꿔 사용하며, 제품에 대해 일치감과 애착을 느끼곤 합니다.

이러한 현상을 설명한 이론이 바로 ‘애착 이론’입니다.

이해하기

Bowlby에 따르면, 애착은 '사람과 구체적인 대상 사이의 감정적인 유대감'으로 정의됩니다(Bowlby, 1979). 발달심리학 분야에서 출발한 애착 이론에 따르면 애착은 어린아이와 어머니 사이에 형성되는 감정적 유대관계에 관한 것으로, 어린아이는 어머니와의 신뢰를 기반으로 안정된 애착 관계를 형성함으로써 안정감과 심리적 편안함을 갖습니다(김경규 et al., 2010). 아이들이 어머니에게서 느끼는 지속적이고 반복적인 경험이 어머니의 유용성, 신뢰성, 애착 유형, 정신적 모델, 준거인 기대감 등을 형성하게 하는 것이죠(Bowlby, 1973). 즉, 인간은 자신에게 안정감과 위안을 주는 대상과 가깝고 친밀한 관계를 형성하고, 이러한 애착 과정을 통해 자아를 형성하고 발전시켜 나갑니다(Bowlby, 1973; Collins and Read, 1990).

이렇듯, 인간의 애착이 최초로 형성되는 것은 유아 시절 부모를 대상으로 하며(Thomson, 2006), 인간이 성장함에 따라 이성이나 친구, 애완동물과 같은 다른 대상으로 점차 확대되어 형성되기도 합니다. 나아가 애착은 대인 간 관계뿐만 아니라 특정 소유물과의 관계에서도 형성될 수 있습니다(Ball and Tasaki, 1992). 또한 사람들은 감정적 애착이 형성된 대상에 대해서 항상 가까이 있고 싶어 하며(proximity-seeking), 떨어져 있을 때는 불안감(separation distress)을 느끼고, 함께 있는 것을 통해 심리적 안정감(safe haven)을 느끼곤 합니다(Bowlby, 1979). 이처럼 애착은 대인 관계에만 한정되어 발생하지 않으며, 사람의 감정에 중요한 영향을 끼칩니다.

그렇다면 이러한 애착 이론을 소비자 행동 관점에서는 어떻게 바라볼 수 있을까요? Ball and Tasaki(1992)는 심리학에서 출발한 애착 개념을 소비자 행동 분야에 적용하여 개인과 소유물 사이의 관계에서 애착의 역할에 대해 논의했습니다. 이들은 소비자들이 자아 개념을 유지하고 발달시키기 위해 특정 제품과 지속적인 관계를 유지한다는 사실을 밝혀내었으며(Ball and Tasaki, 1992), 애착을 '개인이 자아 개념을 유지하기 위해 대상을 소유하고 사용하는 정도'로 정의하였습니다. 한편, Wallendorf and Arnould(1988)의 논문에서는 '자신의 소유물에 대한 권한 또는 통제권을 유지하려는 성향'으로 정의되는 소유욕(possessiveness)을 일반적인 애착의 개념으로 서술했으며, 소유에 대한 통제감 또는 잃어버렸을 때의 상실감과 같은 항목을 포함하여 애착을 설명했습니다. Kleine et al.(1995)는 보편적인 소유물에 대한 애착, 즉 자신이 가장 그리워하거나 좋아하는 특별한 사물에 대한 애착의 개념을 제시하기도 했습니다.

적용하기

4차 산업혁명과 함께 인공지능이 핵심 산업으로 대두되면서, 인공지능을 탑재한 IT 기기와 소비자 간의 의사소통에 대한 중요성이 커지고 있습니다. 애착 이론은 개인과 소유물 사이의 관계에서도 적용될 수 있는 만큼, 인공지능 스피커의 사용에도 애착 개념을 적용할 수 있습니다.

〈시중에 출시된 인공지능 스피커〉

출처: 한경 닷컴

여러분도 집에서 인공지능 스피커를 사용해 보신 적이 있으신가요? 인공지능 스피커는 음성인식 기능이 있기 때문에, 사용자가 다른 업무를 보는 중에도 물리적인 조작 없이 음성으로 제어가 가능하다는 장점을 갖고 있죠. 하지만 한편으로는 부족한 음성인식 성능, 주변 소음으로 인한 오작동 등으로 사용자들에게 여러 불편함을 야기하고 있는 것도 사실입니다. 따라서 기업들은 기술 연구를 통해 미흡한 음성인식, 오작동 등 문제 요소들을 제거하고 사용자 만족을 높여 소비자들을 사로잡고자 노력하고 있습니다. 하지만 제품에 대한 사용자 만족도를 높이는 것만으로는 소비자들을 오랜 시간 락인(Lock-in)하기 어려울 수 있습니다. 사용자의 만족도가 제품에 대한 사용 의도에 긍정적인 영향을 주기는 하지만, 사용자가 제품 사용 초기에 해당 제품에 만족했다 하더라도 미래에 더 나은 제품이 제시된다면 언제든지 새로운 대안을 선택할 가능성이 있기 때문입니다.

그렇다면 기업은 사용자들이 자사 브랜드의 제품이나 서비스를 지속적으로 이용하도록 하기 위해 사용자들에게 어떤 경험을 제공해야 할까요? 바로 사용자들의 애착 형성을 유도하면 됩니다. 기존에 애착을 형성한 대상이 있는 경우, 사용자들은 새롭고 매력적인 대안이 제시되더라도 이에 덜 민감하게 반응하는 경향을 보입니다. 애착에서 비롯된 사용자 충성도는 사용자의 지속적 사용 의도에 영향을 미치기 때문에, 인공지능 스피커의 지속적인 사용을 유도하기 위해서는 사용자가 제품을 사용하며 형성하는 감정적 애착을 면밀히 파악하고 이를 향상 시켜야 합니다(조동희, 2019). 기존 연구에 따르면 사용자가 인공지능 스피커를 사용할 때 제품과 자신의 이미지가 일치한다고 지각할수록, 인공지능 스피커 사용으로 사용자 자신의 사회적 지위 및 평판이 높아진다고 지각할수록, 인공지능 스피커에 대한 감정적 애착이 높아진다고 나타났습니다(조동희, 2019).

사용자는 자신의 취향 혹은 선호에 맞게 제품을 변경(Customize)하면서 자신의 자아 개념과 제품을 일치시킬 수 있으며, 해당 제품이 다른 소유물들과 조화를 이룰 때 그 대상을 자신과 가깝게 연결되어 있다고 느낄 수 있습니다. 인공지능 스피커는 스피커라는 제품 특성상 가정 내 하나의 인테리어 제품으로서 위치하기 때문에, 다른 제품과의 조화가 중요하게 작용할 것입니다. 따라서 사용자들의 다양한 라이프스타일을 고려하여 여러 가지 스타일의 디자인을 제시하고 커스터마이제이션(customization)이 가능하도록 제품 개발을 고려한다면, 사용자들은 자신만의 공간과 조화를 이룰 수 있는 제품을 보다 쉽게 선택하고 금세 애착을 가질 것입니다. 또한 KT의 '기가지니'가 유명 스피커 브랜드인 하만카돈(Harman/Kardon)과 협업하여 제품의 고급화를 시도한 사례처럼, 디자인의 고급화 전략을 통해서 심미적인 부분을 향상하고 사용자의 사회적 고양감을 고취하는 것 역시 제품에 대한 사용자의 애착을 높이기 위한 좋은 전략이 될 수 있습니다.

찾아보기

김경규, 신호경, 이윤희, 이기원. (2010). 스마트폰 서비스 사용에서 지속적 사용 의도에 미치는 애착의 영향에 대한 연구. *Journal of Information Technology Applications & Management*, 17(4), 83-105.

조동희, 이연준. (2019). 인공지능 스피커의 사용자 만족이 지속적 사용의도에 미치는 영향 요인- 감정적 애착의 매개효과를 중심으로-. 한국디자인포럼, 63(0), 87-100.

Bowlby, J., Attachment and loss : Separation, anxiety and anger, New York : Basic Books, 1973.

Bowlby, J., *The Making and Breaking of Affectional Bonds*, London : Tavistock Publications, 1979

Ball, A. D. and Tasaki, L. H., "The Role and Measurement of Attachment in Consumer Behavior", *Journal of Consumer Psychology*, Vol. 1, No. 2, 1992, pp. 155-172.

Thomson, M., "Human Brands : Investigating Antecedents to Consumers' Strong Attachments to Celebrities", *Journal of Marketing*, Vol. 70, No. 3, 2006, pp. 104-119.

Wallendorf, M. and Arnould, E., "'My Favorite Things' : A Cross-Cultural Inquiry into Object Attachment, Possessiveness, and Social Linkage", *Journal of Consumer Research*, Vol. 14(March), 1988, pp. 531-547.

Kleine, S. S., Kleine, R. E. Ⅲ, and Allen, C. T., "How is a possession "Me" or "Not Me?", Characterizing Types and an Antecedent of Material Possession Attachment", *Journal of Consumer Research*, Vol. 22, No. 3, 1995, pp. 327–343.

04 균형 이론

Balance Theory

동료 S는 야구에 관심이 없습니다. 하지만 S가 무척 좋아하는 아이돌 가수가 야구의 광팬이며, 특정 구단을 지지하고 있다는 것을 알고 있습니다. 최근에는 모 경기장에서 시구를 하는 모습을 보게 되었는데, 그 모습이 너무 멋져 자꾸 떠오른다고 합니다. 그러다 보니 S는 점점 야구를 좋아하는 태도를 보입니다.

이와 같이 개인이 상대 또는 상대와 관련 있는 대상에 대한 태도가 바뀌는 것을 설명하는 이론이 균형 이론입니다.

이해하기

균형 이론(Balance Theory)은 동기부여 심리학에서, 프리츠 하이더가 제안한 태도 변화 이론입니다. 균형 이론의 주요 개념은 인간은 자신의 인식, 신념, 감정 그리고 태도에 불균형이 일어날 경우, 이를 회복하기 위해 기존의 태도를 변화시켜 정서의 조화로운 균형을 유지하려는 현상을 말합니다. 이 이론의 주요 가정은 "사람들은 자기 생각, 신념, 태도, 행동을 일관되고 의미 있고, 지각 있는 방식으로 조직하는 경향이 있다"는 것입니다.

이 이론의 핵심 개념은 "감정"입니다. 감정이란 자기 자신(Person: P, 동료 S)이 다른 사람(Object: O, 아이돌 가수)이나 사물(Object: X, 야구)에 대해 긍정(+) 또는 부정(-)으로 느끼는 방식을 말합니다. 균형 이론은 P-O-X에서 형성되는 세 개의 관계(PO, OX, PX)가 긍정(1) 또는 부정(-)으로 형성되고, 이 세 개의 값이 곱해진 결과가 '+'이면 균형 상태로 보고, '-'이면 불균형 상태가 되는데, 불균형 상태에서는 불안감을 느끼므로 균형 상태가 되기 위해 일부의 태도가 '+' 혹은 '-'로 변화하여 균형 상태(+)를 이루게 되는 것을 설명합니다.

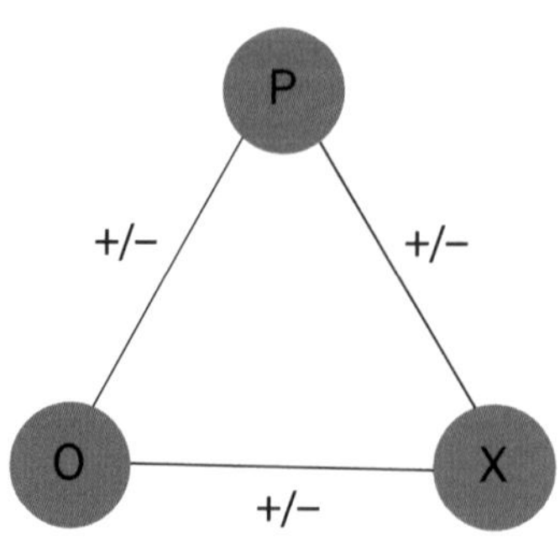

인트로의 사례를 보면, 애초에 P(동료 S)와 O(아이돌 가수)의 관계는 '+'이고(PO=+), O(아이돌 가수)와 X(야구)의 관계도 '+'였습니다 (OX=+). 그리고 P(동료 S)와 X(야구)의 관계는 '−'였으므로(PX=−) 세 개의 값이 곱해진 결과는 '−'로 불균형 상태였습니다(+1) × (+1) × (−1) = (−1). 하지만 시간이 지나면서P(동료 S)는 X(야구)를 좋아하는 태도로 변화하게 됨으로써(PX=+) 조화로운 상태를 이루게 됩니다 (+1) × (+1) × (+1) = (+1). 또는, P(동료 S)는 X(야구)를 싫어하는 상태에서(PX=−) 야구를 좋아하는 O(아이돌 가수)를 싫어하게 될 수 있습니다(PO=−). 그러면 (−1) × (+1) × (−1) = (+1)로 P는 균형 상태를 유지합니다.

균형 이론은 원래 세 개의 실체(P: 개인, O: 태도 대상, X: 관련 대상)를 조사하는 것으로 이 견해는 너무 단순하고 실제 삶에서 개인이 경험하는 많은 수의 사람과 사물들을 조사하지 않는다는 이유로 비판을 받았습니다 (Cartwright & Harary, 1956). 이후의 공식화는 이 이론을 무한한 수의 사람과 사물로 확장했습니다. 그러나 이러한 관점은 인지적으로 매우 복잡해져서 결국 원래의 세 부분으로 된 공식으로 돌아왔습니다(Homburg & Stock, 2005). 일부 비평가들은 이 이론이 부정적인 상호작용보다 긍정적인 상호작용을 더 많이 조사하는 경향으로 치우쳐 있다고 주장하기도 했습니다. 이 이론은 또한 사람들이 항상 스트레스가 없고 균형 잡힌 대인관계를 원한다는 가정으로 비판을 받아왔습니다. 즉, 어떤 사람들은 불균형으로 인한 스트레스와 긴장을 즐기기 때문에 불균형을 만들거나 불균형한 상황을 찾기 위해 적극적으로 노력하는 것을 설명하지 못하는 것입니다

적용하기

〈아이폰의 건강 및 피트니스 애플리케이션〉

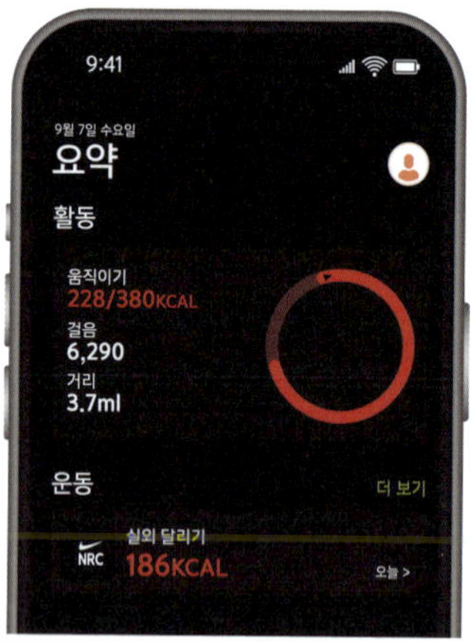

프리츠 하이더의 균형 이론은 주로 태도 변화와 관련된 심리학적 이론으로 사용되지만, UX/UI 디자인 분야에서도 일부 원리를 적용할 수 있습니다. 건강 및 피트니스 애플리케이션의 사용자 경험을 개선하고자 하는 상황을 가정해 보겠습니다.

이 상황에서 사용자들이 애플리케이션 내에서 운동 및 식단 추적, 피트니스 커뮤니티 활동 등을 수행하면서 일관성 없는 디자인과 정보 표시로 인해 혼란을 겪는 문제가 있습니다. 여기에 하이더의 균형 이론을 적용해 사용자들이 애플리케이션 내에서 일관된 사용자 경험을 얻을 수 있도록 개선합니다.

처음으로는 POX 관계를 분석해 보아야 합니다. 애플리케이션을 P(사용자), O(운동 및 식단 추적 기능), X(커뮤니티 활동 등 다른 기능)으로 분류하고 관계를 분석합니다. 사용자가 건강 관련 활동을 추적하고 공유할 때 긍정적인 경험을 가져야 하며, 다른 기능과의 관계도 일관성 있어야 합니다.

두 번째로는 균형 유지입니다. 사용자가 애플리케이션 내에서 다양한 활동을 편리하게 수행할 수 있도록 디자인합니다. 다양한 기능 간의 관계를 일관되게 유지하며, 사용자가 어떤 활동이든 편안하게 수행할 수 있도록 돕습니다.

세 번째로는 일관된 디자인 가이드라인입니다. 애플리케이션 내에서 버튼 스타일, 아이콘, 컬러 팔레트 등의 디자인 요소를 일관성 있게 유지합니다. 사용자들은 각 화면에서 익숙한 디자인을 인식하며 편리하게 이용할 수 있습니다.

네 번째로는 일치하는 탐색 패턴입니다. 애플리케이션 내에서의 탐색 패턴을 일관성 있게 구성합니다. 화면 전환, 페이지 이동 등을 일관성 있게 디자인하여 사용자들이 예상할 수 있는 방식으로 활동을 수행할 수 있도록 합니다.

마지막으로 피드백 및 개선입니다. 사용자들의 피드백을 수집하여 애플리케이션을 계속해서 개선합니다. 사용자들의 요구를 고려하여 기능과 디자인을 조정하고 개선합니다.

이렇게 하이더의 균형이론의 원리를 활용하여 건강 및 피트니스 애플리케이션의 사용자 경험을 개선하는 사례를 상상해 볼 수 있습니다. 사용자들이 다양한 기능을 편리하게 활용하고 긍정적인 경험을 얻을 수 있도록 일관된 디자인과 흐름을 제공하는 것이 중요합니다. 또한 디자인 요소 간의 균형을 유지하고, 사용자들이 일관된 경험을 얻을 수 있도록 배려하는 것은 웹사이트나 애플리케이션의 성공적인 디자인에 중요한 역할을 하고 있습니다.

찾아보기

Heider, F. (1946). Attitudes and cognitive organization. Journal of Psychology, 21, 107 – 112.

Heider, F. (1958). The psychology of interpersonal relations. Hoboken, NJ: Wiley.

Insko, C. A. (1984). Balance theory, the Jordan paradigm, and the Wiest tetrahedron. In L. Berkowitz (Ed.), Advances in experimental social psychology (Vol. 18, pp. 89 – 140). New York: Academic Press.

Newcomb, T. M. (1953). An approach to the study of communicative acts. Psychological Review, 60, 393 – 404.

Newcomb, T. M. (1968). Interpersonal balance. In R. P. Abelson, W. J. Aronson, T. M. McGuire, T. M. Newcomb, M. J. Rosenberg, & P. H. Tannenbaum (Eds.), Theories of cognitive consistency: A source book (pp. 28 – 51). Chicago: Rand McNally.

05 심리 계약 이론

Psychological Contract Theory

직원이 조직에 가입할 때, 조직과 직원 간 고용 계약을 체결하고는 합니다. 해당 고용 계약은 고용인이 무엇을 하고 무엇을 받을지, 조직은 무엇을 하고 그 대가로 무엇을 받을 것인지를 포함합니다. 고용인들은 자신이 수행한 행동이 회사에 기여함으로써 그 대가로 조직으로부터 무언가 받기를 기대합니다.

이러한 믿음과 기대는 고용인에게 자동적으로 형성되는 경향이 있습니다. 이러한 고용 계약서가 작성되면 법적 계약서라고 부르지만, 작성되지 않는 경우에 '심리적 계약(Psychological Contract Theory)'이라고 부릅니다.

이해하기

전통적 사회 계약론에서 출발한 심리적 계약의 개념이 조직 심리학 분야에서 처음 등장하기 시작한 것은 Argyris가 종업원과 감독자의 관계를 심리적 근로계약(Psychological work contract)이라는 개념을 도입해 설명하면서부터 생겨났습니다. 심리적 계약은 자신과 다른 이해 당사자 사이의 교환 계약에 대해 개인이 가지고 있는 믿음으로 정의하고 있습니다. 기본적으로 고용주와 고용인 간의 관계를 의미하며, 특히 투입과 결과에 대한 상호 기대와 관련이 있습니다.

조직과 직원이 원만한 관계를 유지하려면 서로 상대의 기대를 충족시킬 필요가 있다는 상호 호혜 법칙이 성립되어야 합니다. 이러한 조직과 조직 구성원 간의 심리적 계약이 지속적으로 유지되려면 조직 구성원의 기대와 조직의 기대가 일치해야 하며, 교환의 매개체에 대한 조직과 조직 구성원 사이의 동의가 이루어져야 한다는 조건이 있습니다. 여기서 교환의 매개체란 금전의 제공이나 자기개발의 기회 제공, 조직 구성원의 사회적 욕구 내지 안정의 욕구 충족 등이 있습니다.

심리적 계약에는 몇 가지 특징이 있습니다.

1. **심리적 계약은 영원합니다.**
   일단 이 계약에 대한 인식이 생겨나면 시간이 지나도
   그대로 남아있으며, 지속적으로 발전하는 경향이 있습니다.
   이러한 약속은 서면 문서, 토론, 조직의 정책 및 관행과 같이
   미래에 어떤 형태로든 상호작용할 수 있습니다.

2. **심리적 계약은 개인별로 색다르게 작용합니다.**
   어떤 계약은 단순하고 단기적일 수도 있고, 어떤 계약은 복잡하고 장기적일 수도 있습니다. 또한 이해 당사자들의 경험과 사회 및 문화적 측면이 다르다면 조직과 개인의 동일한 교환 관계에서 서로 다른 해석을 할 수 있습니다.

3. **심리적 계약은 개인의 선택에 의한 것입니다.**
   이 이론의 중요한 가정 중 하나는 개인과 조직 모두 자유롭게 교류에 참여하고 있으며, 특정 방향과 행동 방침에 구속되는 것에 자발적으로 동의합니다. 양측은 원한다면 자유롭게 계약 상황을 떠날 수 있기 때문에 어느 쪽도 이 교환 계약을 따르도록 강요하거나 강요당하지 않습니다.

직원들은 세 가지의 주요한 정신적인 측면에서 심리적 계약 조건을 도출할 수 있습니다. 첫째, 직원들은 동료와 상사 및 기타 직원들과의 커뮤니케이션을 통해 조직의 기대, 의무 및 성과에 대한 정보를 얻을 수 있습니다. 둘째, 직원들은 조직의 다른 사람들을 관찰함으로써 심리적 계약의 조건에 대한 정보를 얻을 수 있습니다. 셋째, 조직은 보상 및 복리후생 제도, 성과 검토 및 보상 조정을 통해 심리적 계약 조건에 대한 공식적인 정보를 제공할 수 있습니다.

디지털 서비스에 적용해 보면, 카카오톡 오픈채팅의 방장봇이라는AI 봇을 예시로 들 수 있습니다. 방장봇을 설정하면 새로운 참여자가 입장했을 때 자동으로 환영 메시지와 기본 규칙을 설명해주고, 미리 설정해둔 질의응답에 답변해주는 역할을 수행해줍니다.

출처: 카카오 오픈채팅

규칙을 얼마나 세분화하고, 어떤 사례들을 이야기하는 지에 따라 커뮤니티에 대한 인상, 문화 등이 첫인상으로 남겨지게 되겠죠. 이런 규칙에 기반하여 탈퇴 등의 룰을 적용할 수도 있으며 기준에 맞게 설정하여 운영할 수 있게 됩니다. 참여자들은 문서화된 규칙을 따르고, 방장은 더 효율적으로 참여자들이 원하는 정보를 제공할 수 있을 것입니다.

적용하기

심리적 계약은 조직을 위한 충성심과 신뢰, 근로의욕 제고 여부에 결정적인 영향을 미칩니다. 그렇기 때문에 기업에서는 조직을 위해 열정을 쏟고 책임을 다하는 직원들을 두고 싶고, 그들의 마음을 잡고 싶다면 심리적 계약을 챙겨야 합니다. 과거에 비해 조직의 성장만큼 개인의 성장 역시 크게 고려되고 있기 때문에 눈에 보이는 고용계약 외에도 조직의 가치에 대한 심리적 계약이 고용계약을 초월하고 있습니다.

예를 들어 직원은 자신이 열심히 일하는 대가로 승진할 것이라는 기대를 가지게 된다면 수년간 조직을 위해 열심히 일할 동기가 생기게 됩니다. 이러한 직원의 불문율적인 믿음과 기대는 자동적으로 형성됩니다. 하지만 대부분 직원의 마음 속에만 머무를 뿐, 조직과 공유되지 않습니다. 결국 직원들의 심리적 계약에서 조직으로부터 기대하는 무언가를 조직이 제공하지 못한다면, 직원의 태도와 행동을 저하하는 요인이 될 수 있습니다.

직원들이 실망할 가능성을 줄이기 위해 기업은 직원들에게 그들이 무엇을 원하고 그들에게 무엇을 줄 수 있는지에 대한 대화를 시도해야 합니다. 직원에 대한 기업의 미필적 기대와 함께 그 대가로 기업이 무엇을 제공할 수 있는지도 공유한다면 양측의 니즈를 더욱 효율적으로 파악할 수 있을 것입니다.

심리적 계약의 효용은 기업에 그치지 않고 군대나 공기업, 지방자치단체는 물론, 통지기구인 국가와 국민 관계에서도 그대로 작용합니다. 조직이 있는 한 구성원의 기대는 유의미하기 때문입니다. 실제 계약과의 비교를 통해 개인의 태도와 행동에 미치는 영향을 비교한다면 더욱 효과적인 심리적 계약을 도출할 수 있습니다. 하지만 이 계약이 기대치에 비해 부족하거나 과도하게 이행된 경우에 주의하며 양측이 '합리적으로 공정하기 위해' 노력해야 합니다. 또한 심리적 계약을 생성하고 파기하기도 하는 친사회적, 반사회적인 이유를 조사해 시간이 흐름에 따라 새로운 심리적 계약을 이행하거나 재협상을 진행할 수도 있습니다.

유사성의 원리에 따르면 시각적으로 모양이 비슷한 요소는 그렇지 않은 요소보다 관련성이 높고 그룹화된 것으로 보입니다. 부가적으로 아이콘, 그림자, 질감 등을 활용해 중요도의 차이를 두어 시각적 위계를 명확히 할 수 있습니다. 그래서 디자이너는 기능이 같은 버튼은 비슷하게, 다른 버튼은 다르게 디자인합니다. '쿠팡'도 좌측 내비게이션에서 같은 메뉴는 동일한 색상을, 다른 메뉴는 개별적인 색상을 부여해 섹션을 구분하고 있습니다.

메타버스나 커뮤니티 등과 같은 사람들과 디지털에서 상호작용하는 공간에서의 디지털 에티켓도 마찬가지입니다. 사용자들은 더욱 원활하고 쾌적한 상호작용을 위해 암묵적인 에티켓을 지키고 있습니다. 공격적인 언행, 욕설, 비방 등은 피하고 존중하는 언어를 사용하죠. 다른 사람의 개인정보를 유출하지 않으며 유언비어를 퍼뜨리지 않고, 저작권을 존중하는 것 또한 포함됩니다.

이런 암묵적인 계약에 따라 본인 스스로가 노력하는데, 강요를 하거나 할 경우 동기 꺾일 수 있습니다. 지금 막 공부를 시작하려는데, 부모님이 하라고 강요를 하면 갑자기 의욕이 사라지는 것처럼 말이예요. 온라인 상에서는 모두 자유롭게 참여가 가능하며 강요하는 이가 없기 때문에 개인의 선택에 따라, 자신이 존중받고 싶다는 기대에 따라 에티켓을 지키는 모습을 관찰할 수 있습니다.

찾아보기

Robinson, S. L. (1996). Trust and breach of the psychological contract. Administrative Science Quarterly, 41, 574 - 599.

Robinson, S. L., & Rousseau, D. M. (1994). Violating the psychological contract: Not the exception but the norm. Journal of Organizational Behavior, 15, 245 - 259.

Rousseau, D. M. (1995). Psychological contracts in organizations: Understanding written and unwritten agreements. Thousand Oaks, CA: Sage.

Rousseau, D. M. (2005). Developing psychological contract theory. In K. G. Smith & M. A. Hitt (Eds.), Great minds in management (pp. 190 - 214). Oxford: Oxford University Press.

Rousseau, D. M., & Tijoriwala, S. A. (1998). Assessing psychological contracts: Issues, alternatives and measures. Journal of Organizational Behavior, 19, 679 - 695.

06 사회 교환 이론

Social Exchange Theory

현대 디지털 시대에서는 다양한 디지털 서비스가 사용자들에게 제공되어 이용되고 있습니다. 디지털 기술의 발전과 함께 사용자들은 소셜 미디어, 온라인 커뮤니티, 애플리케이션 등 다양한 플랫폼에서 상호 작용하고, 정보를 공유하며, 소통하는 등의 활동을 수행하고 있습니다. 이러한 사용자들의 참여는 불특정 다수의 개인들 간의 교환 관계를 형성하는 과정으로 볼 수 있습니다. 이 이론은 보상을 기대하고 이를 얻기 위해 교환 관계를 맺는 개인의 심리적 기반을 다룹니다. 또한 개인 간의 상호 작용이 경제적 원리와 심리적 이익의 균형을 추구하는 과정을 강조합니다.

이해하기

사회 교환 이론(Social Exchange Theory)은 호만스(G. Homans)와 블라우(P. Blau)에 의해 형성된 이론으로 형태주의 심리학과 공리주의 경제학, 기능주의 인류학 등에 이론적 뿌리를 두고 이 이론을 체계화하였습니다. 사회교환이론의 주요 아이디어는 보람이나 보상이 올 것이라는 기대를 가지고 타인과 교환 관계를 맺는다는 것입니다. 간단히 말해서 개인과 개인의 관계를 교환(exchange)의 과정으로 파악하는 이론입니다.

인간은 최소한의 비용으로 최대한의 자원을 얻을 수 있는 방향으로 행동합니다. 이때 교환되는 자원은 경제적, 사회적이거나 두 가지 모두일 수 있습니다. 경제적 자원에는 상품, 돈, 자산, 정보, 조언 또는 서비스와 같은 유형, 무형적인 항목들이 포함됩니다. 사회적 자원에는 사회적 편의, 우정, 명예와 같은 무형적인 항목들이 포함됩니다. 여기서 한 가지 명심할 점은, 사회교환이론에서 이야기하는 보상과 비용은 경제학에서처럼 반드시 물질적 차원은 아니며, 존경심이나 애정, 권위 같은 심리적 차원도 포함되는 개념이라는 것입니다. 따라서 사회적 교류를 통해 얻은 결과의 가치는 보는 사람의 눈에 달려있습니다. 사회교환이 이뤄지는 상호 간에는 어떤 사람이 상대방에게 호의를 베풀면 상대 역시 그에 상응하는 보답을 상대에게 해야 한다는 호혜성의 원리가 사회 질서의 기반이 됩니다. 교환이 진행되면서 모두에게 이득이 되지 않고 어느 한쪽의 비용이 보상보다 커지게 되면 관계는 유지하기 어려워집니다. 즉, 양측이 서로 상호 보완적이라고 인식되지 않으면 관계가 중단될 수 있는 것입니다.

제적 교환과 사회적 교환 사이에는 유사점과 차이점이 있습니다. 경제적 교환과 사회적 교환은 둘 다 교환을 통한 보상을 기대하고 있다는 점에서 비슷합니다. 그러나, 경제적 교환에서 투자 수익은 서면 계약같이 더 명확하게 명시되어 있는 반면에, 사회적 교환에서는 투자 수익이 구체적이고 명확하게 정해져 있지 않다는 것입니다. 또한, 경제적 교환은 단기적인 거래에 기초하지만 사회적 교환은 장기적으로 이뤄지며 상대방이 자신들의 의무를 공정하게 이행할 것이라는 신뢰적인 관계에 기초하고 있습니다. 당사자 간의 신뢰는 사회 교환 이론의 중요한 부분입니다. 교환의 초기 단계에서 상대방에 대한 신뢰 증명이 어려울 수 있습니다. 때문에 초기 단계에서는 일반적으로 낮은 가치의 교환이 발생하다가 더 높은 수준의 신뢰가 쌓이게 되면 점차 큰 가치의 교환이 발생하면서 천천히 진화하게 됩니다. 신뢰는 두 가지 방식으로 생성될 수 있습니다. 첫 번째는 상대방으로부터 받은 규칙적인 이익과 일관된 답례, 두 번째는 상대방과의 점진적인 교류 확대입니다.

사회교환이론의 주요 전제는 (1) 교환 관계가 경제적 또는 사회적, 혹은 두 가지 결과를 모두 초래하고, (2) 비용.편익 분석의 상호 배타적이고 철저한 네 가지 일반화를 만드는 목표로 파생되었습니다. 받은 결과에 대해 수행되고 대체 교환 관계의 잠재적 비용 및 이점과 비교됩니다. (3) 시간이 지남에 따라

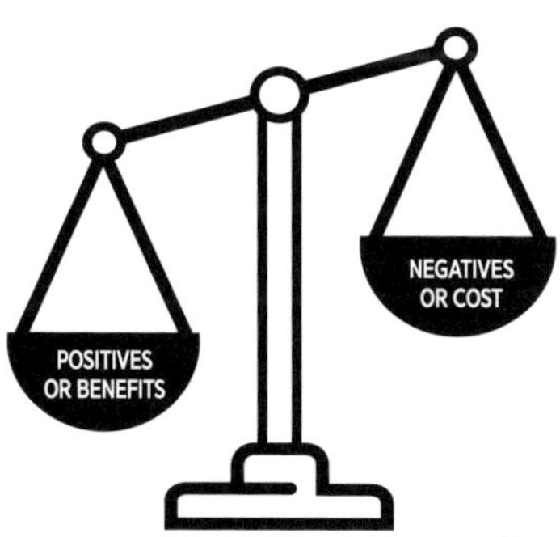

보상 결과를 받으면 교환 관계에서 상호 신뢰와 헌신이 증가하고, (4) 시간이 지남에 따라 교환 규범과 기대가 발전합니다.

적용하기

예를 들어 승은이가 친구인 선우의 지난 생일에 고급 만년필을 선물했습니다. 그러나 막상 선우는 이번 달에 있었던 승은이의 생일을 깜빡 잊은 채 지나가게 되었고, 이 일로 인해 둘의 사이는 멀어지게 되었습니다.

이 사례의 경우에 승은이가 선우와 멀어지게 된 일차적 원인은 한 쪽이 생일 선물을 못 받았기 때문입니다. 그러나 단지 고급 만년필을 사는 데 썼던 비용만 아까운 것이 아니라, 그 선물을 사기 위해 자신이 들였던 정성이나 마음 씀씀이에 비해 선우의 무관심이 더 속상했기 때문에 선우와의 관계가 틀어졌다고 볼 수도 있습니다.

디지털 속에서 친구들간의 관계 또한 생각해 볼 수 있습니다. SNS에 게시글을 업로드했을 때, 친구들이 좋아요나 댓글로 반응을 해줬다면, 그 친구들에게 다시 돌려줘야 한다는 생각이 자리잡게 되죠. SNS상에서 영향력을 키우고자 좋아요 수를 주고받기 만을 위한 친구를 늘리기도 합니다. 유튜버와 구독자의 관계는 어떨까요? 유튜버는 조회수와 광고수익, 명예 등 경제적 자원을, 구독자는 재미, 직접적인 참여나 반영 등을 통한 뿌듯함 등 사회적 자원을 얻을 수 있게 됩니다.

우리가 앱을 개발한다면, 사용률을 늘릴 방법을 찾을 것입니다. 이때 매일

매일 앱에 접속하게 하는 것이 중요할 텐데요. 일일 퀘스트를 만들어 고객의 사회적 자원, 즉 시간적 노력을 일일 퀘스트의 보상으로 돌려주는 방안을 생각해볼 수도 있습니다.

찾아보기

Blau, P. (1964). Exchange and power in social life. Hoboken, NJ: Wiley.

Emerson, R. M. (1976). Social exchange theory. Annual Review of Sociology, 2, 335-362.

Gouldner, A. W. (1960). The norm of reciprocity: A preliminary statement. American Sociological Review, 25, 161-178.

Homans, G. C. (1961). Social behavior: Its elementary forms. New York: Harcourt Brace.

Thibaut, J. W., & Kelley, H. H. (1959). The social psychology of groups.

Hoboken, NJ: Wiley.

07 장 이론

Field Theory

우리 모두는 개인의 판단에 따라서 움직이고 행동합니다. 그렇다면 이러한 판단을 내리는데 영향을 주는 요인에는 무엇이 있을까요? Lewin은 인간들이 판단하고 행동하는데 영향을 미치는 것은 개인의 내부적인 동기도 중요하지만 주변 환경도 많은 영향을 미친다고 이야기합니다. 즉, 인간의 행동은 그 사람과 그 사람에게 주어진 환경과의 상호작용 결과라는 것입니다. 따라서, 인간의 행동을 이해하고 예측하기 위해서는 개인과 환경의 상호의존적인 요인들을 총체적으로 고려하는 것이 중요할 것입니다. 이는 디지털 서비스를 다양한 환경에서 이용하는 소비자들에게도 동일하게 적용됩니다. 예를 들어 사용자의 개인 정보, 행동 패턴, 취향등을 파악해 그들의 "장"에 맞게 추천할 수 있습니다. 뿐만 아니라 인터페이스 요소에도 영향을 미치는데, 사용자의 감정, 인식, 행동을 고려해 사용자와 효과적으로 상호작용할 수 있는 인터페이스 디자인을 만듭니다. 이처럼 서비스 제공자들은 소비자들이 원활하게 서비스를 이용할 수 있는 환경을 제공합니다.

이해하기

Field Theory는 인간의 인지적, 정서적, 행동적 측면을 이해하는 데 유용한 체계입니다. 해당 이론은 자기 인식, 욕구 등 개인과 관련된 모든 공존하는 요소들로 구성된 삶의 공간으로부터 출발합니다. 이런 삶의 공간은 '개인'과 '개인의 요구, 목적, 신념에 의해 규정되는 심리적 환경'으로 구성됩니다. 그것이 바로 Lewin의 Field 개념입니다.

Lewin은 어떤 상황에서 특정한 목표를 추구하려는 내적 긴장에 의해 행동이 발생한다고 말합니다. 어떤 상황이나 현실 속에 있든지 간에, 그것이 개인에게 의미 있고 중요한 경우에만 개인의 심리적 환경이 됩니다. 이때, 개인은 환경에 의해 수동적으로 영향을 받는 것이 아닙니다. 개인은 의식적으로 행동하는 자아로써 생활공간의 중심이 됩니다. 또한 본인의 요구에 따라 환경을 지각하고 심리적 환경을 구성하고 행동합니다. 심리적 환경은 관념적이든 실재적이든 개인이 의식함으로써 개인에게 심리적 영향을 주는 모든 것이기 때문에 유동적입니다. 따라서, 행동은 심리적 환경에 의해 결정되며, 개인과 환경의 함수라고 할 수 있습니다. 개인의 욕구와 주위환경에 의해 행동 양상이 영향을 받는다는 의미입니다. 이러한 개인과 환경의 상호작용, 나아가 개인과 개인의 상호작용 같은 모든 사실의 총 합을 장이라고 합니다.

B = f(PE)

B : 행동(behavior), P : 인간 (person), E : 환경(environment)

장 이론에 따르면 행동을 이해하기 위해서는 개인을 바라보는 것이 아닌 그를 둘러싼 무수한 상호작용, 집단, 환경을 봐야합니다. 따라서 개인의 행동은 현장 전체의 맥락안에서만 조사되어야 합니다. 또한 Lewin은 개인의 행동이 공존하는 사실들의 전체성, 곧 역동적 장(dynamic field)으로부터 도출된다고 믿고, 역동적 장 안에서의 모든 사상은 상호의존적이라고 보았습니다. 장의 한부분의 변화는 행동의 변화를 가져오는 것이라고 할 수 있으며, 환경의 변화가 인간의 행동에도 지대한 영향을 미칠 수 있음을 항상 인지하고 있어야 합니다.

적용하기

심리적 환경은 개인에 의해 지각된 사상으로 구성되며 개인적인 해석으로 심리를 구성해 나갑니다. 때문에 장에 따라 개인의 행동의 의미가 달라지게 되는데 이는 같은 행동이더라도 문화에 따라 의미가 달라지는 경우와 유사합니다. 손으로 ok사인을 만드는 것은 영미권에서는 '좋다'는 긍정의 표현으로 쓰입니다. 반면 한국이나 일본에서는 돈을 의미하기도 하고 중동이나 아프리카 등의 국가에서는 외설적인 표현으로 쓰입니다. 이는 문화라는 '장'에 의해 손동작의 의미가 달라진다고 볼 수 있습니다. 우리가 문화 차이라고 부르는 것들도 모두 문화라는 장이 달라서 일어나는 일이기도 합니다. 따라서 문화라는 장의 변화를 통해 인간행동의 관계를 밝힐 수 있다는 것을 확인할 수 있습니다. 뿐만 아니라 개인이나 조직의 현재 위치를 서로 상대적으로 설명할 때 유용합니다.

조직 분야는 조직을 연결하고 조정하여 문화와 관점을 공유할 수 있습니다. 예를 들어 조직 간 분야는 조직이 공급업체와 고객을 공유할 때 발생합니다. 공급업체와 협력해 원재재, 부품을 공급받고 고객에게 서비스를 제공합니다. 이를 효율적으로 관리하기 위해서 정보의 투명성, 의사소통, 생산계획을 조율하고 조직 구성원 간의 협력과 이해로 전체의 성과를 향상시킬 수 있습니다. 그리고 조직 분야는 기관 활동을 확장하고 조정합니다. 조직의 행동은 해당 모든 분야의 모든 다른 조직과 비교하여 해당 분야의 위치를 설명할 수 있습니다. 때문에 조직에 무엇을 해야 하는지 알려줌으로써 조직이 주관적으로 경험하는 동기에 영향을 미칩니다.

이처럼 Lewin은 집단 역학과 조직 개발 같은 개념을 도입하여 사회심리학의 개척자이며 현대 심리학 분야의 선구자로 불립니다. UX디자이너도 사용자, 개발자 등 많은 이해 관계자와 함께 긴밀하게 협력하고 신뢰를 얻어야 합니다. 예를 들어 기존 제품이 가진 문제를 해결하기 위한 디자인 솔루션을 도출해야 한다면, 업무 요구사항을 정확히 식별하고 솔루션이 제품에 적합한지 이해할 수 있어야합니다. 이를 위해 이해관계자들과 효과적인 대화를 나눌 수 있어야 하며, 디자인 요소가 어떻게 동작하는지 개발팀에게 필요한 정보를 자세하고 효율적으로 전달할 수 있어야합니다. 즉, 이해관계자 및 사용자와의 상호작용을 통해 사용 환경에 대해 이해하고 새로운 것을 발견하여 이를 정확하게 전달한다면 더욱 사용자의 니즈를 효과적으로 충족할 수 있을 것으로 기대할 수 있습니다.

찾아보기

Deutsch, M. (1954). Field theory in social psychology. In G. Lindzey (Ed.), Handbook of social psychology (pp. 181 - 222). Reading, MA: Addison-Wesley.

Lewin, K. (1943). Defining the "field at a given time." Psychological Review, 50, 292 - 310Lewin, K. (1951). Field theory in social science (D. Cartwright, Ed.).

New York: Harper & Brothers.

Martin, J. L. (2003, July). What is field theory? American Journal of Sociology, 109, 1 - 49.

Mey, H. (1972). Field theory: A study of its applications in the social sciences. New York: St. Martin's Press.

Jeong, J. U. (2019). 휴먼에러-불안전행동의 종류. 월간산업보건, 31-37.

김덕삼, 이경자. (2022). 장(場) 개념의 사용과 확장 탐구. 동방문화와 사상, (12), 145-171.

08 목표 설정 이론

Goal Setting Theory

시험을 앞두고 있는 유나는, 매일 일찍 일어나 짜여진 시간표에 맞추어 강의를 듣고 책상에 앉아 복습하며 정리를 합니다. 그렇게 매일매일 바쁜 하루를 보냅니다. 그에 반해 유나 동생의 하루는 유나와 무척 다릅니다. 기상시간이 불규칙적이며, 언제 어디서 무엇을 하는지 할지 스스로도 알지 못합니다. 같은 환경에서 같은 부모로부터 유전자를 받아 자랐지만 하루를 보내는 습관이 다른 두 사람, 이들의 차이는 자신에게 맞는 목표가 있고 없음의 차이 입니다. 이것을 설명하는 것이 목표 설정 이론(Goal Setting Theory)입니다.

이해하기

목표 설정 이론은 에드윈 로크(Edwin A. Locke)에 의해 시작된 이론으로, 인간의 삶은 목표 지향적 행동의 과정이라는 가정에 기초하는 동기 이론입니다. 목표는 개인이 달성하려고 시도하는 것으로서 행위의 목적, 성취하고자 하는 결과로 정의될 수 있습니다. 목표 설정 이론에 따르면, 목표 설정은 다음과 같은 조건에서 업무 수행을 향상시킬 가능성이 가장 높습니다.

1) 목표가 구체적이고 측정 가능하며 적절한 수준의 난이도이다.
2) 원하는 업무를 수행할 수 있는 능력이 있다.
3) 목표 달성을 향한 진전을 보여주는 피드백이 제공된다.
4) 목표 달성에 대한 보상이 제공된다.

목표는 개인의 내적 측면은 동기 부여 요소를 말하며, 이는 개인이 행위 자체로 인해 행복, 기쁨, 만족, 성장, 자기만족을 느끼도록 합니다. 주로 개인의 능력, 관심사 등과 가치관과 일치할 때 발생하지요. 한편, 외적 측면은 행위로 인해 얻을 수 있는 급여, 승진, 성과급과 같은 '금전적 보상', 칭찬, 존경, 명예 등의 '사회적 인정', 그리고 시장점유율이나 성과순위 향상과 같은 '경쟁적 우위 확보'를 포함합니다. 또한 업계 기준, 국제 기준, 벤치마킹 등의 '평가 기준을 충족하거나 초과하는 것'도 외적 측면에 해당합니다. 이러한 모든 요소들이 개인의 동기부여가 될 수 있는 외적 요인들 입니다.

목표 설정 이론에서는 이 두 가지 측면을 모두 고려하여 균형을 맞출 때 더욱 동기부여 되어 목표 달성 확률이 높아지고, 개인과 조직의 성장에 큰 도움이 된다고 합니다. 그리고 가장 높은 수준의 성과는, 목표 자체가 개인의 가치, 열정, 재능과 관련이 깊고 (Relevant), 구체적이면서도 명확하며 (Specific), 도전적이지만 달성 가능하고 (Achievable), 시간 제한이 있으며 (Time-related), 측정 가능 (Measurable)한 특성을 갖고 있을 때 달성될 수 있습니다. 이러한 목표설정기준(SMART Criteria)은 1981년 Management Review에 제안된 이후로 다양한 변형이 추가되었습니다.

글자	대표적 단어	변형
S	Specific	Strategic and specific
M	Measurable	Motivating Measurable and verifiable
A	Achievable or Attainable	Assignable, Agreed, Action-oriented, Ambitious, Aligned with corporate goals, Attaingable, Achievable, Aggressive yet realistic
R	Relevant	Realistic, Resourced, Reasonable, Results-based
T	Time-bound	Trackable, Time-limited, Timely, Time-sensitive
(SMART)ER	Evaluated and Reviewed	Exciting and Recorded

목표 달성에서 피드백은 아주 중요한 역할을 합니다. 목표는 설명 없이 가혹하거나 간결하게 목표를 설정을 받은 경우보다 ("Do this or other") 개인이 높습니다. 더 나아가 개인이 스스로 설정한 목표에 대해 관리자가 그 목표에 대한 목적과 근거를 신중하게 설명하고 피드백을 제공한다면, 그렇지 않은 경우보다 더 높은 성과가 달성되는 것이 확인되었습니다. 그리고 목표 달성을 위한 수행 과정 속에서 그들이 얼마나 잘 수행하고 있는지에 대해 피드백을 받을 때, 가장 높은 수행 수준으로 이어집니다.

또한 자기효능감이 높은 사람들은 자기효능감이 낮은 사람들보다 자신의 목표를 더 높게 설정하였습니다. 자기효능감이 높은 사람들은 낮은 목표나 낮은 성과 수준에 만족하지 않는 경향이 있기 때문인데요. 조직에서 직원의 자기효율성을 높이고자 한다면, 높은 수준의 기술을 학습하고 숙달하기 위한 적절한 교육기회를 제공하고, 개인이 식별할 수 있는 역할 모델을 찾고, 성과 목표를 달성할 수 있는 직원의 능력에 대한 자신감과 믿음을 표현함으로써 직원이 자신의 자기 효율성을 높이도록 도울 수 있습니다.

이 밖에도 목표는 행동의 방향, 발휘된 노력의 정도, 그리고 시간이 지남에 따라 행동의 지속성에 영향을 줌으로써 성과 수준에 영향을 미칩니다.

적용하기

좋은 UX디자인을 만들기 위한 목표설정에는 다음과 같은 특성을 반영하는 것이 좋습니다.

(Specific) 타켓 사용자 중심의 목표설정
(Measurable) 사용성 테스트 실시, 행동 데이터 분석
(Achievable) 사용자의 작업효율 n% 향상
(Relevant) 협업을 위해 모인 다양한 전문가가 목표를 공유하고 소통하며, 목표달성을 위해 협력
(Time-bound) 마감기한과 마일스톤으로 일정 관리, 시간에 따른 목표달성 상황 검토

어플리케이션을 사용하다 보면, 종종 에러 메시지가 등장하곤 합니다. 잘못된 비밀번호를 입력했을 때나, 인터넷 연결이 불안정하거나, 권한이 허용되지 않았을 때와 같은 상황에서 말이죠.

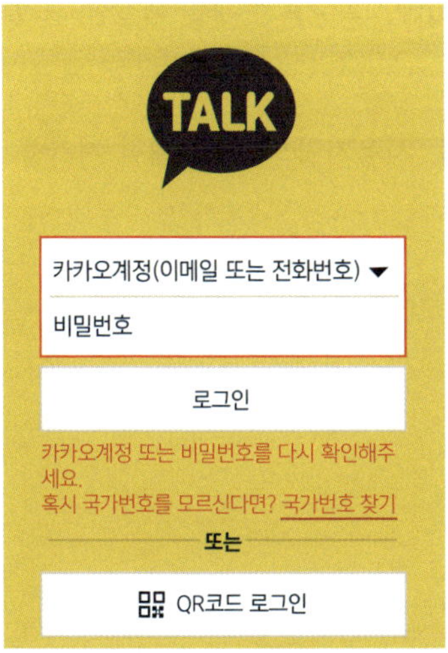

출처: 카카오톡 PC버전 로그인 화면

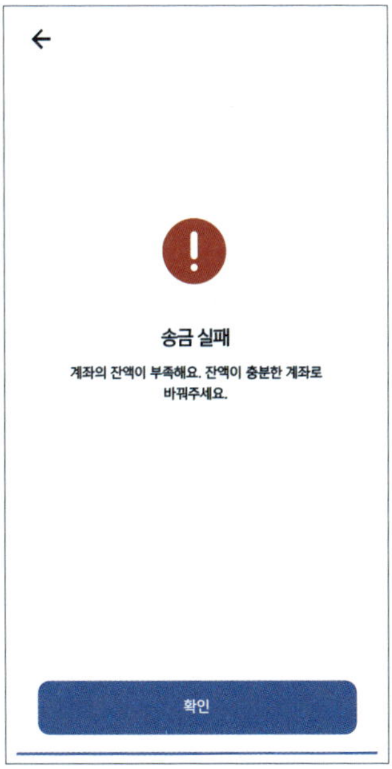

출처: 토스 어플리케이션 송금 화면

이와 같은 상황에서 필요한 좋은 에러 메시지를 만들기 위해 목표 설정 이론을 적용해 볼 수 있겠습니다. 에러 메시지와 마주한 사용자는 긴장감과 당황스러움을 먼저 느낄 것입니다. 이 때 아무런 설명없이 프로그램 오류 코드를 그대로 보여준다면 왜 오류가 발생했는지, 어떻게 해야 하는지 알 수 없이 당혹감만 커지게 되겠죠. 현재 오류가 발생한 이유와 해결할 수 있는 방안을 친절하게 제시하여 사용자가 빠르게 업무를 수행할 수 있도록 돕는 것이 사용자를 위한 에러 메시지가 될 수 있을 것입니다. 로그인 도중 오류가 발생했다면 비밀번호가 잘못 입력되었으니 다시 입력해달라고 부탁하며 비밀번호 찾기 버튼을 표시하거나, 결제 오류가 발생했을 때도 무언가 정보가 잘못 입력되어서인지, 계좌에 잔액이 부족한지와 같은 이유를 이야기하며 사용자들이 에러 상황에서 빠르게 원인을 파악할 수 있게, 그리고 문제를 해결할 수 있도록 도와주어야 합니다.

이렇게 친절한 에러 메시지를 도입하여, 사용자들의 에러 해결 시간을 감소시킬 수 있습니다.

찾아보기

Locke, E. A. (1996). Motivation through conscious goal setting. Applied & Preventative Psychology, 5, 117 - 124.

Locke, E. A., & Latham, G. P. (1984). Goal setting: A motivational technique that works. Englewood Cliffs, NJ: Prentice Hall.

Locke, E. A., & Latham, G. P. (1990). A theory of goal setting and task performance. Englewood Cliffs, NJ: Prentice Hall.

Locke, E. A., & Latham, G. P. (2002, September). Building a practically useful theory of goal setting and task motivation: A 35-year odyssey. American Psychologist, 57, 705 - 717.

Locke, E. A., & Latham, G. P. (2005). Goal setting theory: Theory building by induction. In K. G. Smith & M. A. Hitt (Eds.), Great minds in management: The process of theory development. (pp. 128 - 150). New York: Oxford University Press.

이주영, and 심원술. "목표설정이론의 특성이 목표관리 효과성에 미치는 영향에 관한 연구-평가와 보상의 신뢰성을 조절변수로." HRD연구 (2016): 111-136.

Doran, G. T. (1981). "There's a S.M.A.R.T. way to write management's goals and objectives." Management Review. 70

Bogue, R. L. (2005). Use SMART goals to launch management by objectives plan. *Retrieved November*, 15, 2010.

09 제도적 이론

Institutional Theory

어떤 분야의 조직이 비슷하게 변화해 똑같이 행동하는 경향이 있다는 것, 알고 계시나요? 시작은 모두 다를 지라도 시간이 지나면서 관습이나 규범의 영향을 받고 거쳐 같은 모습을 갖추게 됩니다. 이를 제도적 동형화라고 부르는데, 그 현상을 설명하는 이론인 제도적 이론 (Institutional theory)를 소개합니다.

이해하기

제도적 이론은 한 분야의 모든 조직이 똑같이 행동하는 경향에 대해 핵심 질문을 던집니다(DiMaggio & Powell, 1983). 조직 생명 주기에 따르면, 초기 단계에서는 조직 형태가 상당히 다양합니다. 그러나 시간이 지나면서 조직 구조와 관행이 매우 유사해지는데, '제도적 이론'이라는 이름에서 알 수 있듯이 제도가 그 과정에서 중요한 역할을 합니다. 여기서 말하는 제도의 예시로는 법률, 관습, 사회적 규범, 문화 등이 있습니다. 제도는 조직을 어떤 행동을 선택하는 지에 큰 영향을 끼치고, 동일한 환경 조건에 대해 서로 다른 조직끼리 닮게 만듭니다. 제도적 이론에서는 이 현상을 동형화(isomorphism)이라고 합니다(Hawley, 1968).

조직이 동형화라는 현상을 경험하기 위해서는 제도가 가하는 압력이 조직에 작용한다고 볼 수 있습니다. 어떤 방식으로든 조직이 하고자 하는 활동이나 조직의 구성에 개입한다는 것이 제도적 이론의 중요한 줄기입니다.

그렇다면 그 압력이라는 것은 어떤 종류가 있을까요? 제도가 조직에게 가하는 동형적 압력에는 세 가지 유형이 있는데(DiMaggio & Powell, 1983), 바로 강압적 동형화와 규범적 동형화, 그리고 모방적 동형화가 있습니다. 우선 강압적 동형화는 조직이 의존하는 자원을 소유한 개체가 행하는 압력을 나타냅니다. 규범적 동형화는 교육 및 훈련 방법, 전문적인 네트워크 및 회사 간 직원 이동에 의해 수립 된 전문 표준 및 관행을 따르는 것을 말합니다. 대학 교육처럼 공식적인 교육이나 전문 단체의 분위기, 언론의 논조 등으로 생성되는 사회의 규범은 조직이 새로운 인력을 충원하는 방식이나 가치관에 영향을 미치는 것이 바로 규범적 동형화에 해당합니다. 마지막으로 모방적 동형화는 조직이 무엇을 해야할 지 불확실할 때 다른 성공적인 조직을 모방하거나 복사하는 것을 말합니다. 같은 분야에서 한 기업이 경쟁 기업을 모델로 삼아 모방하는 사례는 이미 우리에게도 친숙하죠?

제도적 이론은 제도화 된 활동이 개인, 조직, 조직 간 이렇게 3가지 차원에 영향을 미치기 때문에 발생한다고 가정합니다(Oliver, 1997). 개인 차원의 경우, 관리자는 의식적으로나 무의식적으로 규범, 습관, 관습 및 전통을 따릅니다(Berger & Luckmann, 1967). 많은 관리자들은 특별한 목적 없이 '항상 그렇게 해왔다'는 이유로 비합리적인 관행을 유지하기도 합니다. 두 번째로 조직 차원의 경우, 조직 내에서 공유하고 있는 문화 및 신념 시스템은 모두 제도화 된 활동의 전통을 따르는 것을 지향합니다. 끝으로 조직 간 차원의 경우, 정부의 압력이나 업계 동맹, 사회의 기대가 조직이 해도 되는 행동과 하면 안되는 행동을 정의합니다. 사회적으로 수용될 만한 행동인지, 그리고 사회가 기업에게 기대하는 행동인지를 결정하는 것이죠. 조직은 그 판단에 따라 행동하게 됩니다. (DiMaggio & Powell, 1983).

적용하기

제도적 동형화의 예시를 살펴볼까요? 가장 대표적인 예시로는 1990년대에 확산된 연봉제의 도입이 있습니다. 외국계 기업은 한국보다 일찍이 연봉제를 도입해 사용했지만, 우리나라 기업은 1994년 두산그룹이 과장급 이상에 대해 연봉제를 도입한 이후부터 확산되었습니다. 또 1998년에는 김대중 정부에서 공공부문 개혁의 일환으로 공무원 연봉제가 도입되었고, 그 결과 공공부문에서도 연봉제가 자리잡기 시작했습니다. 직원의 연공 서열이 아니라 업무 성과에 따라 차별적인 보상을 지급한다는 것이 당시 사회적 규범과 맞지 않았지만, 두산그룹과 공공부문의 규범이 변함에 따라 1998년까지 모든 기업이 연봉제를 도입한 것은 제도적 동형화의 대표적인 예시라고 할 수 있습니다.

또 다른 예시로는 경영학에서 벤치마킹이라고 부르는 모델링 방식이 있습니다. 어떤 혁신적인 조직에서 이미 도입한 새로운 제도를 자체적으로 충분히 검증하지 않은 채, 제도에 대한 규범을 수용하여 다른 조직을 모방하는 것을 뜻합니다. 이런 일련의 과정을 통해 모방하 조직은 자신의 정당성을 확보하고자 하는 것이죠. 그 결과 조직들은 서로의 모습을 모방해 결과적으로 비슷한 형태가 된다는 것이 바로 제도적 이론입니다.

찾아보기

DiMaggio, P., & Powell, W. W. (1983). The iron cage revisited: Institutional isomorphism and collective rationality in organizational fields. American Sociological Review, 48, 147-160.

Meyer, J., & Rowan, B. (1977, September). Institutionalized organizations: Formal structure as myth and ceremony. American Journal of Sociology, 83, 340-363.

Powell, W. W., & DiMaggio, P. J. (1991). The new institutionalism in organizational analysis. Chicago: University of Chicago Press.

10 매체 풍부성 이론

Media Richness Theory

친구에게 갑자기 해야 할 말이 생길 때 우린 메시지로 말을 전달하기보단 전화를 이용하고, 회의를 해야 하지만 직접 만나지 못하는 상황일 때는 화상전화를 이용해 회의를 진행하곤 합니다. 이처럼 우리는 타인과 소통할 때, 다양한 매체를 이용해 소통하고 있습니다. 전통적으로 이용해 온 대면, 전화, 메모, 편지도 있고 기술의 발전으로 이메일, 영상통화 등의 매체들도 활용되어 오고 있습니다. 최근에는 메타버스와 같은 가상현실 기기에서 3D 기반 본인의 아바타를 이용해 소통하는 방식도 등장했죠. 앞서 언급한 매체들은 각기 다른 특성들을 가지고 있기 때문에 이러한 특성들을 고려해 매체를 선택하여 효율적인 소통을 이루어 내는 것이 중요한데요. '매체 풍부성 이론(Media Richness Theory)'은 우리가 이용하는 다양한 매체들의 특성이 의사소통에 미치는 영향을 체계적으로 정리한 이론입니다.

이해하기

매체 풍부성 이론이란 Daft(1984)와 Lengel(1986)에 의해 제안된 이론으로, 각각의 매체에 내재되어 있는 객관적인 특성들을 가지고 사용자들의 매체선택 및 매체이용을 설명하려는 이론입니다. 여기서 말하는 매체 풍부성이란 일정한 시간내에 지식이나 정보들을 적절히 이해시키는 능력이라 할 수 있습니다.

이런 매체 풍부성은

1) **즉각적인 피드백**: 질문에 대한 답변을 즉시 받고 수정할 수 있는 정도
2) **다양한 단서**: 여러가지의 방법(e.g., 음성, 그래프, 음악, 표정, 몸짓 등)으로 동시에 정보를 전달할 수 있는 능력
3) **언어적 다양성**: 서로 다른 언어들을 사용할 수 있는 가능성
4) **개인화**: 의사소통에 있어 개인적인 감정이나 느낌이 전달되는 정도

위의 네 가지 특성들에 의해 결정되며, 이러한 특성들을 많이 보유한 매체일수록 풍부한 매체라고 할 수 있습니다. Daft와 Lengel은 매체 풍부성 위계구조(hierarchy of media richness)를 제시하였는데, 가장 매체 풍부성이 높은 매체는 대면이며, 이어서 전화, 메시지 수신자가 정해진 문서(e.g., 노트, 메모, 편지), 불특정 다수를 위해 작성된 문서(e.g., 게시판, 표준보고서)순으로 풍부성이 낮아진다고 이야기합니다. 대면 상황에서는 즉각적인 피드백이 가능하고, 다양한 단서 즉, 몸짓, 표정, 억양 등을 전달하며, 다양성이 높은 자연어를 사용하며, 개인적인 느낌과 감정의 표현이 가능하기 때문에 가장 풍부한 매체입니다. 이처럼 다양한 미디어들이 전달하는 정보의 양과 질은 많은 차이가 나며, 이는 곧 미디어를 사용하는 사용자들이 느끼는 이해도에도 차

이를 주기 때문에 매체를 적절하게 사용할 수 있는 조건은 다를 수 있습니다.

〈매체 풍부성 위계 구조〉

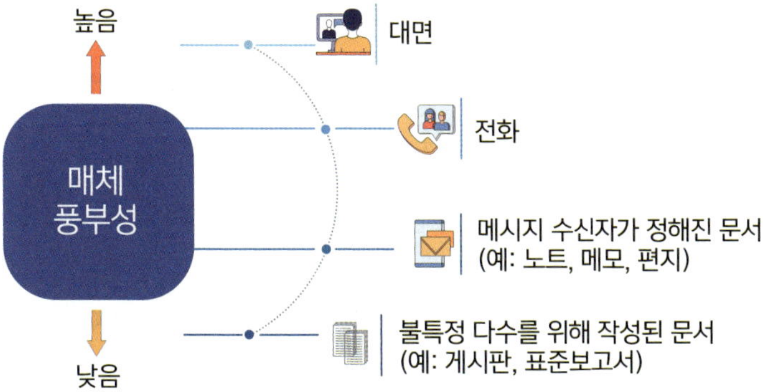

또한, Daft와 Lengel은 여러 매체들이 가지는 특성이 과업을 수행할 때도 영향을 미친다고 이야기합니다. 과업에는 두 가지 측면이 존재하는데 이는 불확실성(uncertainty)와 모호성(equivocality)입니다. 불확실성은 정보의 부족을 의미하며, 불확실성이 높은 과업을 해결하기 위해서는 정보를 획득하고 공유할 수 있는 매체를 선택하여야 한다고 합니다. 예를 들어, 불확실한 프로젝트나 업무를 진행할 때는 온라인 협업 도구나 비디오 회의 플랫폼과 같은 내체를 활용하여 팀 멤버 간의 대화와 정보 공유를 용이하게 할 수 있습니다. 또한, 이메일이나 메신저와 같은 텍스트 기반의 매체를 통해 문서나 정보를 공유하고 의사 결정에 필요한 정보를 정리하여 제공할 수도 있습니다. 모호성은 그룹의 상황 또는 환경에 대한 해석의 혼란으로 이해의 부족과 혼동을 야기하게 됩니다. 이에 모호한 메시지를 전달할 경우 직접 대면이나 전화와 같은 즉각적인 피드백을 제공하는 매체를 선택해야 합니다. 또한, Daft와

Weick는 모호성을 감소시키기 위해서는 공통의 언어와 행위의 일치를 볼 때까지 공유된 관찰과 토의가 필요하다고 합니다.

이와 더불어 Daft는 모호성을 감소시키는데 적합한 매체와 많은 양의 자료를 처리하여 불확실성을 줄이는데 적합한 매체는 다르다고 봤습니다. 개인적이고 감정적인 일이나 사람들 사이에 대면 접촉이 필요한 경우는 풍부한 매체를 사용하여야 하고, 비개인적이고 규칙에 의하거나 정해진 형식이나 절차대로 일을 진행 할 때 또는 데이터베이스를 이용하고자 할 때에는 풍부성이 낮은 매체가 사용되어야 한다고 제시하고 있습니다.

이처럼 주어진 상황에서 수행하고 있는 과업의 특성과 사용하고자 하는 의사소통 매체가 적합(fit)한 경우에 효과성이 증가한다고 할 수 있습니다. 따라서 조직 상황에서는 과업을 수행하기 위하여 과업의 불확실성과 모호성을 파악하고 해당 특성에 맞는 매체를 사용하는 것이 조직 성과의 성패를 좌우한다고 할 수 있습니다.

적용하기

기술의 발전을 통해서 등장한 인터넷과 모바일 매체 활용이 시간과 공간의 물리적 한계를 극복하고 대면 상황 못지않게 매체 풍부성이 높다고 평가받고 있습니다.

〈이모티콘 예시〉

예를 들어, 문자와 병렬적으로 결합해 사용할 수 있는 이모티콘 등의 사용 증가는 매체의 풍부성을 기반으로 텍스트만으로 모든 정보를 전달하기 어려운 순간적 기분과 감정, 상황, 표현하기 오묘한 뉘앙스를 전달하고, 또한 문자가 가지고 있는 표현의 제약성으로 인해 전달과정에서 상대방이 오해하거나 갈등을 사전에 방지하는데 장점을 가지고 있습니다.

〈메타버스 플랫폼 '제페토'〉

또한, 메타버스와 같은 가상현실 기기는 3D기반 본인의 아바타가 특정 가상 세계관에서의 다양한 활동을 할 수 있도록 지원하며 가상 공간 내의 움직임과 정보 교류 등이 실시간으로 이루어지므로, 실제 현실의 교류와 유사한 형태로 발현시킵니다. 즉, 가상현실은 매체가 가지고 있는 정보의 양을 텍스트, 이미지를 넘어 실시간 움직임 기반 행동 정보까지 제공할 수 있으므로 매체의 풍부성이 높으며, 사용자는 다른 매체보다 다양한 정보를 확보할 수 있습니다. 이처럼 인간은 사회적 소통기반을 위한 정보기술과 시스템의 활용은 전통적인 면대면 방식의 즉시성과 비언어적인 감성을 살리고 다른 매체가 가지지 못하는 한계성을 극복하는 매체의 풍부성을 표현할 수 있는 유용한 도구라고 할 수 있습니다.

지금까지 매체 풍부성에 대해 알아보았는데요, 매체 풍부성 이론을 UI/UX 관점에서 적용할 수 있는 부분은 무엇이 있을까요? 우선, UI/UX 디자이너는 사용자 경험을 고려해 매체를 선택할 수 있습니다. 예를 들어, 단순한 텍스트만으로 구성된 인터페이스는 저품질의 매체로 간주될 수 있고, 적은 양의 정보를 제공하는 동시에 사용자의 정보 처리 능력을 과도하게 요구할 수 있습니다. 따라서UI/UX 디자인 시 정보의 양과 다양성을 적절하게 조절해 사용자가 효과적으로 정보를 이해하고 활용할 수 있도록 매체를 선택할 수 있습니다.

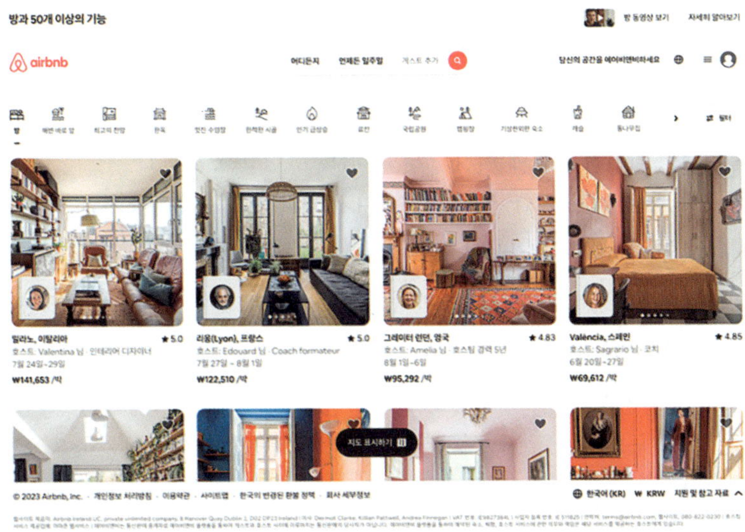

출처: 에어비앤비 홈페이지

또한, 다양한 매체를 활용해 효과적인 사용자 경험을 제공할 수도 있습니다. 에어비앤비 홈페이지처럼 텍스트, 그래픽, 사진, 비디오, 오디오 등 다양한 매체를 조합해 사용자에게 정보를 전달하는 UI/UX 디자인을 구성할 수도 있을 겁니다.

찾아보기

최수정, 강경준, 고일상. (2007). 이러닝시스템의 매체풍부성, 매체유용성, 매체경험이 학습자 만족에 미치는 영향. JITAM, 14(2), 27-47.

최주철, 김태균. (2020). 커뮤니케이션 매체의 풍부성이 지속적인 사용 의도에 미치는 영향- 이용경험의 조절효과. 디지털융복합연구, 18(5), 187-195.

황인호. (2022). 메타버스의 매체 풍부성이 실재감 및 플로우를 통해 사용자의 요청지원 의도에 미치는 영향. 한국산학기술학회 논문지, 23(7), 192-205.

김영걸, & 오승엽. (2000). 업무특성과 전자결재시스템 활용간의 관계에 대한 탐색적연구: 매체 풍부성 이론 관점. 경영과학, 17(1), 31-40.

한상일. (2008). 인스턴트 메신저를 이용한 커뮤니케이션 시스템에서 매체특성이 의사결정 유효성에 미치는 영향. 산업경제연구, 21(3), 1313-1333.

현영란, & 정소연. (2015). 고전문학 수업에서의 매체 풍부성과 교수자의 매체 지원이 학습 몰입에 미치는 영향 연구. 학습자중심교과교육연구, 15, 847-867.

장현영, 장정주, 조헌진 (2011). 지식 유형과 전달채널의 미디어풍부성이 지식 이전 성과에 미치는 영향에 관한 연구.

Daft, R. L., & Lengel, R. H. (1984). Information richness: A new approach to manager information processing and organization design. B. Staw and LL Cummings, eds. Research in Organizational Be-harrior.

Daft, R. L., & Lengel, R. H. (1986). Organizational information requirements, media richness and structural design. Management science, 32(5), 554-571.

Daft, R. L., Lengel, R. H., & Trevino, L. K. (1987). Message equivocality, media selection, and manager performance: Implications for information systems. MIS quarterly, 355-366.

EPILOGUE

UX의 이론과 실무를 접목하려는 시도를 시작한지 벌써 세번째가 되었습니다.

본 저서는 학계의 이론을 기반으로 업계의 흐름을 읽어내고, 그 이론들은 실제 경험과 융합하는 확장된 관점을 제시합니다. 우리는 이를 통해 효과적인 UX를 개발하는데 한 걸음 더 다가섰습니다. 여러분도 이 책을 통해 학계와 실무를 아우르는 UX 관점을 살펴보고, 다양한 상황에서 이론을 실제로 활용할 수 있는 통찰력을 얻을 수 있기를 바랍니다.

이번 vol.3에서는 이전에 발행된 서적과 마찬가지로 UX/CX 분야에서의 이론들을 활용할 수 있는 사례를 살펴보았습니다. 이 책은 사용자 중심 디자인의 원리와 원칙을 강조하며, 사용자의 경험을 최적화하는 방안에 대해 설명합니다. 각 원리에 대해 적용된 사례를 참고하여, 실무적으로 활용 가능한 도구와 전략을 고민해 볼 수 있는 기회가 되었을 것입니다.

본 저서로 사용자의 심리를 파악하고, 깊이 있는 UX를 개발하기 위한 출발점을 마련했습니다. 단순히 보기 좋게 만드는 것을 넘어, 사용자의 심리를 이해하고, 이를 기반으로 한 심도 있는 UX 개발에 도움이 될 수 있는 바이블이 되길 바랍니다. 미래의 UX 혁신에 도전하며, 사용자 중심의 디자인을 통해 더 나은 디지털 세계를 창조하는 여러분의 여정을 응원합니다.

2024. 02. 01.

국민대학교 경영정보학부 X-Ville(엑스빌) 일동

설득력 있는 UX 설계를 위한 사회과학의 가르침 vol.3

초 판 발 행	2024년 10월 04일
저 자	박도형, 김소현, 박수현, 유주희, 유하영, 윤지찬, 이다연, 이승연, 이은주, 이재연, 이준식, 이호임, 임현진, 정해슬
발 행 인	정승렬
발 행 처	국민대학교 출판부
등 록	1975년 6월 17일 제6-33호
주 소	서울시 성북구 정릉로 77(정릉동)
전 화	02-910-4242
팩 스	02-910-4240
인 쇄 · 편 집	동방인쇄공사 (02-468-0301)

ISBN 978-89-7812-541-3 가격: 14,000원